EL AUTOCONCEPTO A PARTIR DEL USO DEL
DIÁLOGO APRECIATIVO
CENTRADO EN LA PERSONA EN CONVERSACIONES
CARA A CARA

EL AUTOCONCEPTO A PARTIR DEL USO DEL

DIÁLOGO APRECIATIVO

CENTRADO EN LA PERSONA EN CONVERSACIONES

❧CARA A CARA❧

Dra. María Eugenia Ciófalo Lagos
Mtro. George William Dionne Duddy
Mtra. Rosina Ramírez Vukovich
Dr. Manuel González Pérez
Dr. Juan Manuel López Oglesby
Mtro. Maykel González Torres

Para realizar pedidos de este libro, contacte con:
Palibrio
1663 Liberty Drive
Suite 200
Bloomington, IN 47403
Gratis desde EE. UU. al 877.407.5847
Gratis desde México al 01.800.288.2243
Gratis desde España al 900.866.949
Desde otro país al +1.812.671.9757
Fax: 01.812.355.1576
ventas@palibrio.com
452296

ÍNDICE

ÍNDICE DE FIGURAS, TABLAS, GRÁFICAS Y ANEXOS

FIGURAS

TABLAS

GRÁFICAS

ANEXOS

RESUMEN

Las personas pasan gran parte de su tiempo en el trabajo y se espera que sean productivas; por ello, las organizaciones deben proporcionarles espacios de salud psicológica y crecimiento personal que faciliten su satisfacción; sentido de vida, identidad, pertenencia y reafirmen su autoestima y autoconcepto; aspectos clave en la productividad. Centrarse en apoyar resultados positivos en reuniones cara a cara Jefe-Colaborador a través del diálogo apreciativo centrado en la persona, refuerza el autoconcepto y se facilita la integración e identidad que generan el compromiso y autoresponsabilidad necesarios para el crecimiento integral – personal y organizacional.por ello, la presente investigación mixta, tuvo como objetivo demostrar que el diálogo apreciativo centrado en la persona en conversaciones cara a cara; mejora la comunicación, práctica colaborativa y resultados en el equipo de trabajo, al incidir en el autoconcepto y comprobar la hipótesis "Si se facilita en los Jefes el uso del diálogo apreciativo en conversaciones cara a cara con sus Colaboradores; entonces ellos percibirán mayor Empatía, Apoyo Incondicional, Consideración Positiva y Congruencia que incidirán en su Autoconcepto". Se procedió a: analizar las condiciones actuales en el manejo del talento humano en las áreas de trabajo; medir la percepción de los colaboradores en cuanto a las condiciones de empatía, apoyo incondicional, consideración positiva y congruencia, sentidas de parte de su jefe y determinar el nivel de su autoconcepto, autoestima, autocomportamiento y autocrítica; gestionar las comunidades de diálogo apreciativo centrado en la persona con los jefes; evaluar los resultados de la relación jefe-colaborador y determinar los hallazgos. El estudio se realizó en una Institución de Educación Universitaria con una muestra del 44.7% de la población de Coordinadores académicos y 79.2% de sus Colaboradores directos de Tiempo Completo. Los Jefes trabajaron en 10 sesiones de sensibilización en Comunidades con 30 horas de facilitación y acompañamiento en el uso del diálogo apreciativo centrado en la persona en conversaciones cara a cara una hora por mes, con cada uno de sus colaboradores a quienes antes de iniciar el proceso, se les aplicó un Cuestionario de Medición del Enfoque Centrado en la Persona, instrumento original, validado con un Alpha de Cronbach de 0.913 en una muestra similar y revalidado con un Alpha de Cronbach de 0.967 que fue usado para medir su percepción respecto a la Empatía, Apoyo Incondicional, Consideración Positiva y Congruencia sentidas de parte de sus jefes y la Escala en Español del Test de Autoconcepto de Fitts realizada por J. Rosado en 1992, para verificar el nivel inicial y variaciones posteriores en cuanto a Autoconcepto, Autoestima, Autocomportamiento y Autocrítica, midiendo los cambios significativos mediante la prueba t en un nivel de .05.

ABSTRACT

People spend much of their time at work and if organizations expect them to be productive, they must provide spaces for psychological health and personal growth to get satisfaction and also generate a sense of life, identity and belonging to reinforce self-esteem and assertiveness. **Person-centered Appreciative Dialogue (PCAD)** with face-to-face supervisor-collaborator conversations strengthen self-concept and promote integration and identity leading to commitment and self-responsibility. The work presented here suggests that **PCAD** influences a collaborator´s self-concept. As a result, these collaborators can improve communication, collaborative practices and results in their working environment. The principal hypothesis for this work states that "When supervisors use **PCAD** collaborators perceive more empathy, unconditional support, positive regard and congruence from their supervisors resulting in an influence on the collaborators' self-concept. As Rogers stated – "when they (collaborators) feel accepted, they accept others so communication, collaborative practice and results may be improved", on the necessary and sufficient conditions of empathy, unconditional support, positive regard and congruence from their bosses were measured. "Measuring Perception on the Person-Centered Approach" was an original instrument created by the lead investigator for this measurement. The reliability and pertinence of the instrument was validated with Cronbach's alpha, achieving an initial 0.913 score indicating excellent internal consistency. After initial testing and re-calculation of Cronbach's alpha, the final score was 0.967, again indicating excellent internal consistency of the test measuring the perception of empathy, unconditional support, appreciative consideration and congruence felt by the collaborators from the supervisors. Third, the collaborators' levels of self-concept, self-esteem, self-behavior and self-criticism were determined. Fitts`s Self-Concept Test was also administered to the collaborators, using the Spanish version created by J. Rosado in 1992, to verify the initial and subsequent level on self-concept, self-esteem, self-behavior and self-criticism. The researchers then implemented communities of **PCAD face-to-face supervisor-collaborator conversations** where the supervisors could learn to facilitate empathy, unconditional support, positive regard and congruence in their face-to-face conversations with their collaborators. This was done to improve the human-factor conditions in the working environment. The bosses worked through 10 **PCAD** communities for 30 hours, learning, modeling and using **PCAD face-to-face communication** in order to facilitate their one hour per month face-to-face conversations with each of their collaborators. The levels of self-concept, self-esteem, self-behavior, and self-criticism were measured after these interventions. At the end of the study, the results were compiled and analyzed to determine the findings. The collaborators perception of more empathy and more congruence from their supervisors increases at the significance level of 0.03 $p< 0.05$ verified by the t test, comparing the data between the previous and post test of The Person Centered Approach Questionnary, proving a great change in perceiving their supervisors more conscious about their collaborator's particular way of thinking, about their feelings and emotions and about putting their ideas on practice. Unconditional support got a medium level of 0.09 $p< 0.10$ verified by the t test proving that it started a change "on becoming" - like Rogers states – moving towards a change in perceiving a better environment. The data did not prove a significant level on how collaborators perceived Positive regard before and after the **PCAD** supervisor's community, finding a consistency with previous investigations.

CAPÍTULO I

INTRODUCCIÓN

1.1. El Problema de Investigación y el Objeto de Estudio

En las organizaciones, es vital facilitar en los líderes o jefes, actitudes basadas en la Empatía, Aceptación Incondicional, Consideración Positiva y Congruencia que permitan a los colaboradores sentirse reconocidos, apreciados y valiosos en un ambiente cálido que realimente un sano autoconcepto e incida en la mejora continua, la calidad de las decisiones, relaciones, creatividad, persistencia en las metas y, facilite la ciudadanía organizacional para el crecimiento sostenido (Rogers, 2007, Robbins, 2009).

El autoconcepto es un aspecto vital que conduce a los individuos a invertir todo su potencial - competencias y talentos - en el esfuerzo productivo, una vez que el reconocimiento interno de capacidad se suma a un sentido de satisfacción personal – primero, al sentir y desarrollar autoaceptación y después recibir, aceptación de los otros significativos – familia, amigos – y enseguida, ser realimentado por el entorno – religioso, social y laboral. El Autoconcepto se va desarrollando y fortaleciendo a través de las diferentes etapas en la vida; a fin de recibir amor, aprecio, aprobación y estima, pronto en la vida, el niño aprende a amoldarse a la imagen que otros esperan de él; un joven es capaz de ingresar a una carrera por "tradición familiar" y de pronto se encuentra con los fracasos hasta que comprende que ha perdido contacto con todas sus reacciones organísmicas y que lo que hace, es ajeno a su ser, a su propio proceso de valoración; un adulto, al desempeñar un puesto determinado, puede abandonar y entregar a otros su locus de evaluación, desconfiar de su propia experiencia y afectar su autoconcepto y autoestima, lo que le lleva a sentirse constantemente inseguro y amenazado y por ende, a protegerse a través de una postura rígida y de resistencia al cambio; aspectos que se pueden transformar en un clima que facilite la madurez y el crecimiento como persona (Rogers, *et. al.*, 2003).

Los mejores seres humanos necesitan por lo general una buena sociedad en la cual desarrollarse" (Maslow, 1994) y el sentimiento de autoconfianza, autocontrol y sentirse capaces de tomar decisiones sin juicios, se da a través de un autoconcepto adecuado (Sessa y Steinberg, 2004, citados por Mestre, *et al*, 2001) por lo tanto, es posible facilitar un liderazgo centrado en la persona que genere actitudes positivas y mejore la comunicación, la práctica colaborativa y los resultados del equipo de trabajo (Mayfield, *et al*, 2009).

Los individuos que se sienten apreciados y valorados, se adaptan con facilidad a los cambios vertiginosos, tienen habilidad estratégica, eligen con precisión lo que proporciona valor para la sobrevivencia y permanencia y son capaces de hacerse cargo de su propio desarrollo y del de otros (Rogers, *et al*, 2003).

Por lo tanto, si se genera un clima psicológico que facilite expresar pensamientos, sentimientos, emociones y opiniones con libertad – de manera experiencial -; con adecuada dirección y guía a través de una realimentación positiva y las sugerencias, se escuchan "organísmicamente" y se llevan a la práctica, se facilitará la comunicación plena y el sentido de pertenencia e identificación que hacen las actividades diarias más satisfactorias y es entonces que puede potenciarse una actitud – enriquecida - orientada a resultados; una vez que el desarrollo y funcionamiento personal, han avanzado. Ignorar los eventos que suceden a nuestro alrededor fomenta la inconsistencia y una sociedad en estos términos, impide el terreno firme para trabajar. Es imposible hacer leyes para cada persona en particular, entonces habrá ópticas diferentes que impedirán la convivencia. Debe construirse un clima de aprecio donde se sienta beneplácito por el gozo de otros y de este modo, las diferencias cambien de obstáculos a facilitadoras de las relaciones (Reig y Dionne, 2001).

En una Institución de Educación Superior con fundamento humanista, se espera que su gente actúe conforme a estos valores considerando a la persona como un ser digno, íntegro, holístico y capaz de tener un desarrollo y crecimiento permanente.

Cabe mencionar que en el contexto de la Planeación anual 2009, se detectó la necesidad de dar seguimiento a las iniciativas planteadas sobre la necesidad de diálogo entre jefe y colaborador para tomar decisiones conjuntas respecto a las metas e impulsar la realimentación para llegar a acuerdos tales como la puntuación en el Bono de Desempeño, entre otros aspectos importantes.

Además, el diagnóstico de Clima de Top Companies (2009) recalcaba la necesidad que existía en esta institución Educativa de Nivel Superior de impulsar el diálogo en estos niveles ya que los resultados mostraban que los colaboradores solicitaban mayor comunicación directa con sus jefes y que ellos fueran más congruentes y coherentes; pedían tener mayor participación y que existiera menos favoritismo, para lograr un clima de mayor armonía.

Cabe mencionar que el diálogo está planteado como una de las líneas estratégicas y de los criterios de gestión que lo colocan como eje determinante en el logro de la Visión 2015.

Por tal motivo, esta Investigación se dirigió a aportar un tema que ancla la relación socioemocional jefe-colaborador que incide en el autoconcepto, autoestima y autocomportamiento; porque cuando el jefe muestra actitudes positivas en un clima que facilita las condiciones necesarias y suficientes de empatía, aceptación incondicional, consideración positiva y congruencia – se genera la autoaceptación que lleva a aceptar a otros y entonces, se tiene disposición a la comunicación, la práctica colaborativa y el logro de resultados positivos.

Para ello, se requiere que entre jefe y colaborador, haya comunica marcados que garanticen una cultura interna de confianza, diálogo y solidaridad.

1.2. Antecedentes

Para conocer el estado del arte de la ciencia que sustenta esta Investigación cabe mencionar que el Enfoque Centrado en la Persona nació en con una infraestructura transdisciplinar surgida de las múltiples investigaciones y experiencia personal del Dr. Carl Ransom Rogers (1940) y seguidores que han venido a resaltar su practicidad en los ámbitos personal, educativo, social y organizacional, en numerosos países de Estados Unidos, Europa, América Latina, Asia y África. Es precisamente su teoría desde la que se aborda el término innovador de *Diálogo Apreciativo Centrado en la Persona*.

En 1967 la Universidad Iberoamericana, se dio a la tarea de realizar la recolección de las diferentes obras y documentos en el campo del Desarrollo Humano, para su organización y difusión.

En 1994, la Dirección de Posgrado e Investigación de la Universidad Iberoamericana generó los Archivos Internacionales del Enfoque Centrado en la Persona, recopilando libros y documentos publicados en inglés, alemán, español, francés, holandés, italiano y portugués; así como ponencias, talleres, tesis y obras cinematográficas inéditas que forman parte del acervo de la Sala de Colecciones Especiales de la Biblioteca Francisco Xavier Clavigero en la Ciudad de México.

Por lo que respecta a la Psicología, lo más relevante y que se relaciona con el ámbito de esta Investigación, es el surgimiento del Humanismo. Fue reconocida como ciencia a partir de Wilhelm Wundt (1876) con su primer Laboratorio de Psicología Experimental en Leipzig, Alemania a finales del siglo XIX; Sigmund Freud (1933), en el siglo XX desarrolló su teoría psicodinámica y el Psicoanálisis se reconoce como la *primera fuerza* de la Psicología; más tarde Watson (1930) y después Skinner, (1945) impulsaron el Conductismo denominado como la *segunda fuerza* y; el movimiento que representa a la *tercera fuerza,* es la del Desarrollo del Potencial Humano – la Escuela Humanista, iniciada por Abraham Maslow (1943) y proyectada por Carl Rogers (1951); Cangguilhem, 1994; Carbó, 1999; Luthans, 2008).

Es en esta Escuela Humanista, cuyos precursores y autores destacados son Otto Rank (1884-1939), Wilhelm Reich (1897-1957), Fritz Perls (1893-1970), Gordon Allport (1897-1967), Abraham Maslow (1908-1970), Carl Rogers (1902-1987), Rollo May (1909-1994) y Viktor Frankl (1905-1997) - entre otros -; que esta Investigación apuntala como eje central, el *Diálogo Apreciativo Centrado en la Persona* como un Modelo de interacción fundamentado en conversaciones Cara a Cara, basadas en la Teoría de Carl Rogers, con la propuesta de este término novedoso y de aplicación práctica en las Organizaciones, a través del Desarrollo Humano.

El Desarrollo Humano como tal, busca la proyección de la Persona desde una visión intra e interpersonal que propicia el crecimiento a través del fortalecimiento del potencial interno – autoconocimiento, autodeterminación y autoestima - para la búsqueda del bien ser, bien estar y bien hacer, teniendo como propósito el bien común, fundamentado en la creación de espacios de salud y calidad de vida que faciliten la autoactualización constante y permanente.

La Psicología y el Desarrollo Humano – aplicados a las Organizaciones – despuntaron pues, en el siglo XX que es cuando se ubican como entes sociales, integradas por personas que encuentran realización y sentido de vida a través del desempeño de un trabajo que, si corresponde a su experiencia, competencias y talentos, les proveerá de significado y sentido de trascendencia.

Haciendo historia en la Psicología Organizacional, Robert Owen (1789) subrayó que mostrar interés en los empleados, incidía en la rentabilidad y propuso reformas al régimen industrial para favorecer el carácter humano; Hugo Münsterberg (1913) publicó su libro *Psicología y Eficiencia Industrial* resaltando la importancia del diseño de puestos, la selección de personas en base a habilidades, promoción de técnicas de aprendizaje para la difusión del conocimiento e implementación de técnicas de motivación; Elton Mayo (1927) descubrió lo que para la autoestima del trabajador significa ser reconocido y tomado en cuenta; Mary Parker Follet y Chester Barnard (1930), subrayaron el aspecto social de las organizaciones y propusieron ideas orientadas a considerar la importancia de las personas recalcando que, gerencia y empleados, deberían verse como socios y trabajar en equipo basados en la motivación y comunicación constantes; Frederick Herzberg (1968) - uno de los más influyentes psicólogos en la gestión administrativa - concluyó que las personas prefieren trabajos que les provean reconocimiento, logro, responsabilidades, crecimiento, retos y calidad de vida y su publicación *One More Time: How Do you Motivate Employees?* vendió más de un millón de ejemplares; Richard Hackman y Greg Oldman (1976) desarrollaron un modelo clave de Características Laborales y propusieron que las dimensiones: variedad de habilidades, identificación e importancia de la tarea, autonomía y retroalimentación, aunadas a la oportunidad de crecimiento, incrementaban la satisfacción y el desempeño (citados por, Canguilhem, 1994; Carbó, 1999; Luthans, 2008; Robbins, 2009).

Las Organizaciones hoy en día, han variado su fisonomía estructural, valores y concepciones acerca de su funcionamiento. La Globalización y la Posmodernidad, las han obligado a fortalecerse con las ciencias sociales y humanas para orientarse hacia un nuevo paradigma empresarial: centrarse en la persona, favorecer el desarrollo social de su comunidad y buscar la competitividad. Hoy por hoy, reconocen que formar competencias y talentos reforzará su Capital Humano y les permitirá la ventaja competitiva que alcanzarán, creando espacios de salud y calidad de vida, dentro de una concepción sistémica y holística que sume la realidad de los mercados, la política, el continuo cambio que exige flexibilidad y la necesidad de crear redes de colaboración inter y multidisciplinarias que garanticen su posicionamiento y permanencia. Por ejemplo, el concepto "Lean" (simplicidad) privilegia el Talento Humano para dar respuestas ágiles y certeras, fundamentadas en la gestión del conocimiento como recurso estratégico y creación de una verdadera fuente de valor (Womack, *et.al*, 2005)

Personalidades del mundo empresarial han realizado valiosas aportaciones que han cimentadi la visión hacia una nueva administración, entre ellos: Peter Drucker (1909-2005), subrayó la humanización de los procesos; David McClelland (1973) acuñó el término "Competencias"; Chris Argyris (1978), definió a las "Organizaciones que Aprenden" y habló de competencias interpersonales para la efectividad organizacional.

Actualmente se reconoce la importancia de gestionar Talento Humano para facilitar a la persona la realización plena de un trabajo creativo e intelectualmente estimulante donde desencadene sus competencias y fortalezca sus talentos y lograrlo, redundará en altos estándares de productividad y calidad (Chiavenato, 2004; Guerra, *et. al.*, 2006; Münch, 2004; Werther, *et. al.*, 2000; Buckingham, 2009).

Cabe mencionar que el tema del Desarrollo Humano ha sido poco estudiado en el ámbito de las Organizaciones, aunque Rogers desde 1964, postuló una nueva forma de ayuda al crecimiento del potencial de las personas formulando hipótesis, comprobadas y verificadas sistemáticamente que establecen a la Empatía, Apoyo Incondicional, Consideración Positiva y Congruencia como las condiciones necesarias y suficientes para liberar los elementos que obstaculizan el desarrollo normal que permite la expresión y clarificación de los sentimientos desde la comprensión de las circunstancias presentes y subrayó la relación Cara a Cara, como el elemento determinante. En esta línea, se encontró una sola Tesis Doctoral (Salgado, 2006) que mencionara la importancia del Enfoque Centrado en la Persona y cuyo objetivo fue identificar las fuentes y manifestaciones del estrés y su manejo, aplicando el Indicador de Presión en el Trabajo (IPT) de Williams (1998, citado por Salgado, 2006) a 42 ejecutivos mexicanos de medianas y grandes empresas, para proponer estrategias basadas en la facilitación y promoción del Desarrollo Humano Organizacional, a través de una metodología cuantitativa de tipo descriptivo y correlacional con muestreo no probabilístico, soportando la generalización estadística en la propuesta de Davis (2000; referido por Salgado, 2006) "en tamaños de muestras de más de 30, muchos estimadores tienen una distribución de frecuencia teórica que posee una figura aproximada a la curva normal". Los resultados reportados son: a) La mala relación entre jefe y colaborador genera altos índices de estrés; b) El autoritarismo del jefe incide negativamente en el clima laboral; c) Ante situaciones que provocan presión, los jefes no escuchan a los demás; d) A los ejecutivos les causa estrés no obtener reconocimiento ante sus logros; e) Los directivos muestran poco interés por cuidar el clima organizacional; f) Los jefes son la causa de la desintegración de los miembros de su equipo; g) Ser responsable de la administración y de la supervisión de otros es fuente de estrés para los jefes; h) El equilibrio casa-trabajo es fuente de estrés para los ejecutivos; i) La inestabilidad familiar o la alta dependencia social causa un alto estrés en los ejecutivos; j) Las dificultades diarias en el trabajo generan alta presión a los ejecutivos; k) A los directivos les proveen satisfacción las características de las tareas que manejan aunque se quejan de la falta de comunicación atribuibles a ellos mismos; l) Los jefes no confían en la capacidad de sus colaboradores así que se encargan de lo operativo en lugar de lo estratégico; m) Los ejecutivos confunden el ser con el hacer y su trabajo se vuelve el sentido de su vida; n) Los ejecutivos se sienten inseguros de sí mismos ante las conductas anómalas de sus colaboradores; ñ) Los directivos tienen niveles de autoconfianza menores que los demás cargos; o) Los ejecutivos tienen más resistencia física porque no se permiten faltar al trabajo ya que se sienten indispensables; p) Los jefes toman decisiones racionales y evitan manifestar emociones o compartir sus dificultades; q) Las cargas de trabajo afectan el clima organizacional; r) Sí hay disposición a establecer relaciones personales con orientación al crecimiento en el ámbito laboral; s) Hay una gran necesidad de sentirse aceptados en el trabajo; t) El equilibrio entre trabajo y familia resulta ser de suma importancia; u) La salud mental incrementa la resiliencia; v) Los jefes son los responsables de favorecer un entorno de desarrollo humano actuando con empatía, apoyo incondicional, consideración positiva y congruencia; w) La personalidad sana y el desarrollo humano son una dirección hacia la actualización constante y permanente, apertura a la experiencia, sensibilidad, adaptación, autoaceptación y aceptación de otros, fundamentadas en relaciones personales transparentes y cercanas (Lafarga 2003, citado por Salgado, 2006); x) El jefe es el activo catalizador en la aceptación e implementación de un programa de desarrollo humano organizacional (Salgado, 2006).

Otra Investigación en este rubro, es una Tesis de Maestría en Psicología Clínica y Psicoterapia (Torres, 2007) cuyo objetivo fue evaluar el taller de entrevista de desarrollo con enfoque humanista aplicado a directivos y mandos medios para desarrollar habilidades de interacción como escucha activa, empatía, retroinformación correctiva y confirmatoria y desafío con tacto. La muestra fueron 5 Directivos, 9 Mandos Medios y 30 Evaluadores. Se trató de un estudio de caso descriptivo con comparación pre-post de la Ventana de Johari analizada a través de las pruebas no paramétricas de Kolmogórov-Smirnov y la de Wilcoxon (citados por Torres, 2006); con las siguientes conclusiones: a) El jefe debe ser íntegro, honesto y abierto con su colaborador; b) La realimentación del jefe mejora la comunicación; c) La buena comunicación es terapéutica; d) El reconocimiento y aprecio de parte del jefe es importante para el colaborador; e) El jefe debe confiar en la capacidad y responsabilidad de su colaborador para que éste mejore sus resultados; f) La empatía, aceptación incondicional, consideración positiva y congruencia presentes en el clima inciden en un cambio favorable; g) El jefe debe estar consciente de las fortalezas y capacidades de su colaborador para enfocarse en su autoactualización; h) El colaborador percibe favorablemente los cambios e incrementa la comunicación positiva con su jefe e incide directamente en sus resultados.

Rogers (2009), remarcó la importancia de las relaciones efectivas basadas en la comprensión y manejo adecuado de conflictos. Se reconoce como un investigador serio y expresa que "aprendió a conocer y respetar los métodos científicos en un campo de esfuerzos prácticos". También menciona que "la investigación científica y la elaboración de teorías son procesos orientados hacia el ordenamiento interno de la experiencia significativa en un esfuerzo persistente y disciplinado que tiende a descubrir el sentido y el orden existente en los fenómenos de la experiencia subjetiva". Subraya que los conocimientos están fundamentados en sólidas investigaciones cuyos resultados han concluido que una persona que experimenta las condiciones de empatía, aceptación incondicional, consideración positiva y congruencia, logrará el cambio y desarrollo personal, convirtiéndose en una persona creativa, adaptada y autónoma ya que "reorganizará su personalidad tanto a nivel consciente como en los estratos más profundos y se hallará en condiciones de encarar la vida de modo más constructivo, más inteligente, más sociable, a la vez que más satisfactorio y que tales modificaciones, están ausentes en los grupos de control. Cada una de las afirmaciones formuladas se basa en pruebas objetivas. La hipótesis abarca todas las relaciones humanas, porque ante estas condiciones expresadas por el padre, el hijo será más emprendedor, socializado y maduro; si es el docente, entonces el alumno se convertirá en un estudiante con más capacidad de iniciativa, más original y autodisciplinado, menos ansioso y disminuirá su tendencia a ser dirigido por otros; si es el líder, supervisor o jefe, en las organizaciones quien facilita este clima, su personal se tornará más responsable y creativo, más capaz de adaptarse a las situaciones nuevas y más solidario".

Por otra parte, en cuanto a Liderazgo se tienen investigaciones como la de Srivastava, *et.al,* (2006) respecto a la conducta del líder y su relación con el desempeño del equipo (Druskat *et.al,* 2006; Durham *et.al,* 1997; Judge *et.al,* 2004; citados por Srivastava *et.al,* 2006). En su artículo los autores resaltan la función del *empowerment* (empoderamiento y resultado de la consideración positiva al confiar en el potencial y responsabilidad del otro como lo menciona Rogers (2007; 2008; 2009; 2003; 1991; 2000; 2001) que incrementa la autonomía (Bennis *et.al,* 1997; citado por Srivastava *et.al,* 2006). El Liderazgo basado en la confianza (empowerment) ya ha sido estudiado desde la perspectiva de la conducta del Líder que comparte poder, responsabilidad y brinda autonomía a sus colaboradores (Kirkman *et.al,* 1997,1999; Strauss, 1963, citados por Srivastava *et.al,* 2006) así que este estudio propone también, la que se enfoca a la respuesta del colaborador ante el *empowerment* – facilitando su motivación (Conger *et.al*, 1988; Kirkman *et.al*, 1997; Spreitzer, 1995; Thomas *et.al*, 1990; citados por Srivastava *et.al*, 2006). Srivastava *et.al*, (2006) consideran el rol de compartir conocimiento como un proceso del equipo y de su eficacia, como estados emergentes del liderazgo empoderante, así como una relación que propicia el desempeño (Marks *et.al*, 2001; citado por Srivastava). Se entregaron 550 encuestas que serían repartidas a los equipos por el mismo líder (Seibert, *et.al*, 2004; Simmons, *et.al*, 1999). Las respuestas fueron devueltas por 498 líderes, teniendo 102 equipos para el análisis. Las conclusiones fueron: a) El liderazgo que brinda confianza (empowerment) se relaciona con la disposición a compartir conocimiento y con la eficacia del equipo; b) Compartir conocimiento y la eficacia del equipo se relacionan con el desempeño; c) El líder que promueve la confianza provoca relaciones eficaces en su equipo.

Los estudios también han demostrado que la satisfacción también se asocia al estilo de liderazgo, como ejemplo, George y Brief (1992), afirman que líderes entusiastas, activos y llenos de energía, energizan a sus seguidores, igual que los que son hostiles y estresantes los bloquean. Por ello se considera que los líderes son los responsables de la satisfacción de sus colaboradores (Robbins, 2009).

Dentro de las recopilaciones documentales se tienen las de:

Arias (2000); hace una distinción entre el contrato de trabajo legal y el psicológico, comentando que una persona puede estar obligada formalmente a desempeñar una labor dentro de una organización, sin ligarse afectivamente a ella y así, trabajará a disgusto y con desprecio lo que afectará su rendimiento y podrán surgir otras posibles consecuencias como estrés, conflictos obrero-patronales, ausentismo, abandono de la organización, entre otras, afectando seriamente los costos por baja productividad.

Branden (2005); explica que la autoestima es la salud de la mente y que ser autoaceptante no significa sin deseo de cambio, mejora o crecimiento; la autoaceptación, no es complacencia y sin autoaceptación, no se dará el cambio. Debe aceptarse el hecho de que los pensamientos indeseables, ocurren para aprender de ellos; las dolorosas emociones, pueden resolverse y crecer más allá de ellas. Actuar inconscientemente, lleva a actuar con consciencia. La turbulencia de nuestros tiempos, exige un self fortalecido, con un claro sentido de identidad, competencia y valor. Es un momento peligroso en la historia, el no saber quién se es o no confiar en sí mismo.

Brief (et.al, 2002); afirman que líderes entusiastas, activos y llenos de energía, energizan a sus seguidores, igual que los que son hostiles y estresantes los bloquean. Por ello se considera que los líderes son los responsables de la satisfacción de sus colaboradores. Un líder orientado al bien común, hará lo posible porque todos los que le rodean crezcan y se desarrollen – con esperanza y aliento, minimizando las diferencias e integrándolas sin rechazos.

Cooperrider (et.al, 2000); manifiestan que indagar apreciativamente las experiencias de éxito de los colaboradores dentro de una organización, permite que una misma experiencia sea manifestada desde una vasta gama de matices diferentes, aunque emanen de un mismo equipo de trabajo. Así que, preguntar a cada persona acerca de sus recuerdos, se pueden visualizar y construir las fuerzas que dan vida a la organización y hasta dirigir su rumbo e historia. Si un equipo sólo se limita a acatar reglas, supuestos culturales y objetivos de los que no se siente parte activa, de inmediato surgen problemas de comunicación, desintegración y falta de consenso.

Dittman (2005); subraya que cuando las personas responden que son felices en el trabajo, frecuentemente describen factores relacionados con sus tareas o eventos que les indican que son exitosos en su ejecución y tienen posibilidad de crecimiento. Sin embargo, cuando reportan que son infelices, se refieren a las condiciones que rodean la ejecución del trabajo y no a éste en sí. El trabajo llena la mayor parte del tiempo de vigilia y es fuente de grandes satisfacciones para algunos y pena para otros. La satisfacción en el trabajo proviene de los logros y la oportunidad de crecimiento; por ello, a los trabajadores debe permitírseles intervenir en las decisiones y enriquecer su trabajo con sus propuestas y recibir toda la capacitación posible para sentir su trabajo significativo y exitoso.

Seligman (et.al, 2000); manifiesta que existe una relación positiva entre supervisor y empleado que influye significativamente en la productividad y que resulta ser más importante que cualquier cambio en las condiciones ambientales. Concluye que sólo los jefes capaces de influenciar las actitudes de sus empleados, determinan el entusiasmo, compromiso y ejecución en las organizaciones.

Silva (2009); resalta las cualidades personales y competencias que permiten respuestas cohesivas y entusiastas que sumadas a la visión y efectividad en desarrollo de procesos, métodos y técnicas, complementan el comportamiento del líder que requiere la organización eficaz, capaz de ejercer acciones de coordinación, fuerte integración interdepartamental y lograr contribuciones activas de los individuos que la conforman, sumando objetivos organizacionales a los sociales y dando respuesta a los continuos cambios que permitan la maduración y el aprendizaje (Kreitner, 2005; citado por Silva, 2009). Para Wright (et. al,1996; citado por Silva) el líder debe tener empuje, deseo de guiar, ser honesto e íntegro; tener autoconfianza, inteligencia y amplio conocimiento del trabajo. Así mismo, ser capaz de construir equipos que mantengan una alta moral, espíritu de unidad, cohesión, altos estándares, disciplina y sistemas de comunicación efectiva; estar al tanto de las necesidades individuales de sus miembros, interesarse en ellos como personas; brindar aprecio y reconocimiento; conciliar conflictos y buscar oportunidades de crecimiento individual.

Por ello, Reig, et. al, (2001), proponen que un líder orientado al bien común, hará lo posible porque todos los que le rodean crezcan y se desarrollen – con esperanza y aliento, minimizando las diferencias e integrándolas sin rechazos.

La confianza, es un atributo fundamental vinculado al liderazgo que promueve el desempeño del equipo. Se espera que el líder sea honesto e íntegro y la cooperación es imposible si el equipo no percibe la congruencia. Los líderes incongruentes, jamás lograrán motivar a sus empleados Deben tener un alto nivel de autocomprensión, confianza y ser cooperativos (Herzberg, 2003).

Los supervisores exitosos, son los que instrumentan el trabajo de tal manera que sus colaboradores, puedan lograr la realización de sus actividades para tener logros creativos y así, proveerles de reconocimiento, enfocándose en las necesidades de sus empleados como individuos (Herzberg, et.al, 1999).

La eficiencia, eficacia, calidad y productividad, dependen de la persona, es por ello que el líder o facilitador, tiene la ardua tarea de saber orientar el esfuerzo individual, hacia el logro de objetivos. Los resultados tangibles, serán más fáciles si el liderazgo – considerado como un valor - se fundamenta y aplica, basado en los conceptos del desarrollo humano dentro del ámbito laboral. En las organizaciones actuales, el rol del liderazgo ha sido despojado de su verdadera naturaleza ya que, a través de él, pueden realizarse las más altas posibilidades de la naturaleza humana (Maslow, 1994).

Las más altas posibilidades de la naturaleza humana deben fundamentarse en un Liderazgo ético que fomente la virtud moral y transforme actitudes y conductas, viviendo los valores con convicción interior que generen el bien en todos los ámbitos en los que la persona se desenvuelve. Por ello, la ética y el comportamiento moral, competen al Liderazgo. No queremos más líderes inmorales, corruptos, incongruentes y egoístas buscando sus propios fines. Deseamos líderes éticos orientados al bien ser, bien estar y bien hacer que persigan con afán el bien común y logren generar la confianza en sus colaboradores que los remita a la honestidad e integridad. Los líderes morales ponen su carisma al servicio de la sociedad y de los demás. La eficacia del liderazgo debe fundamentarse en los medios que usa el líder para conseguir las metas y a su contenido. Buscar que los cambios obedezcan a principios plenos de ideales que son la fuerza motriz que impulsa la vida de las personas y les da sentido. El Liderazgo que se fundamenta en valores, es un valor en sí mismo y su interés, son las personas (Robbins, 2009; López, 2003).

El interés en las personas dentro del ámbito laboral, surgió en los años posteriores a las guerras mundiales – de 1918 a 1938 y a partir de 1945 -; las industrias de mayor prestigio de ese entonces, empiezan a tomar en cuenta los aspectos psicológicos dentro de las organizaciones: Procter and Gamble, Philadelphia Company y la famosa fábrica Hawthorne de la Western Electric, entre otras (Herzberg, *et.al,* 1998) y fueron Roethlisberger y Dickson (1939) quienes publicaron las investigaciones dentro de la Hawthorne Western Electric donde Elton Mayo (1927) descubrió que las personas tienen una gran necesidad de reconocimiento, de ser tomadas en cuenta y de sentirse plenas en su trabajo para dar resultados (Luthans, 2008).

Es así que todo esto refuerza al Autoconcepto como uno de los ejes centrales de esta Investigación al que Rogers (2007; 2008; 2009; 2003; 1991; 2000 y 2001) da gran importancia, ya que las condiciones propuestas por su teoría del Enfoque Centrado en la Persona, exponen que se incide en éste facilitando un estado de autoaceptación que influye en la aceptación de otros y en este proceso, se abren los canales de comunicación que facilitan la práctica colaborativa y los resultados.

En el estado del arte del *Autoconcepto*, numerosas investigaciones, artículos, libros y tests, han abordado su importancia y necesidad de valoración desde tiempos remotos porque se refiere al conocimiento del sí mismo que ya Sócrates (470 – 399 a.C) subrayaba como medio de exploración interna que lleva a la plenitud. Autores de literatura científica han coincidido en interpretarlo como un conjunto de actitudes cognitivas, afectivas y conativas refiriéndose al autoconcepto mismo, la autoestima y la autoeficacia – respectivamente. La Literatura americana se concentra en las últimas dos, mientras en la europea se usan los términos "conciencia y representación de sí mismo" (L´Écuyer, 1978, citado por Ramírez, *et.al*, 2002). Los ámbitos filosóficos y religioso, antes del siglo XX lo centraban en el alma, espíritu y voluntad; obviamente dicotomizados del cuerpo como lo referían Platón (428 -347 a.C.) y Aristóteles (384 – 322 a.C.). En el siglo XVII Descartes (1596-1650), con su "pienso, luego existo" deja de lado la conciencia como centro del yo; Locke (1632-1704) y Hume (1711-1776), añaden la importancia de la experiencia; Kant (1724-1804), viene a reconocer al yo sujeto-objeto y Schopenhauer (1788-1860) al yo conocedor-conocido. El siglo XIX descubre a William James (1842-1910), aborda el autoconcepto desde el "mí" para la persona empírica y el "yo" para el conocimiento evaluativo. Buber (1878-1965), en el siglo XX con su filosofía del diálogo subraya la importancia de las relaciones "yo-tú", "tú-yo" y destapa el amanecer del humanismo al que Goldstein, Maslow y Rogers, de 1954 a 1986 ponen en la cúspide al centrar la necesidad de "confirmar a la persona", aceptando su total potencialidad creada para transformarse y emprender la aventura de llegar a ser - *on becoming* - y madurar en las direcciones inherentes al organismo humano, moldeando su autoconcepto.

El autoconcepto incluye las cogniciones y evaluaciones respecto a aspectos específicos del sí mismo, la concepción del sí mismo ideal, un sentido de valoración gobal, autoaceptación y autoestima general. Burns (1990, citado por Ramírez, *et.al*, 2002) subraya que el autoconcepto tiene connotaciones emocionales y evaluativas poderosas inmersas en creencias subjetivas y conocimiento fáctico que el individuo se atribuye y relaciona con su identidad única. Así que la relación basada en la empatía, aceptación incondicional, consideración positiva y congruencia, facilita el sereno placer de ser quien se es, aceptarse y actuar en base a las propias expectativas, la experiencia personal y los propios significados, como un organismo humano total que funciona plenamente (Ramírez, *et.al*, 2002; Rogers, 2009).

En las investigaciones sobre Autoconcepto se tiene la de Gómez del Campo (1975), quien relacionó las variables de Empatía, Aceptación Incondicional, Consideración Positiva y Congruencia en el crecimiento personal, a través de la validación de los constructos y medición del cambio por medio de datos emanados de la experiencia propia de los participantes y validados a través de pre-post con el Test de Autoconcepto de Fitts (1965) adaptada y traducida al español En todos los participantes se observó un movimiento ascendente en la autoaceptación y autoestima. El sentido de identidad básica se modificó positivamente e incidió en una mayor autoaceptación que generó cambios en la conducta. Las variables facilitan el crecimiento mediante la comunicación.

En cuanto a la Comunicación – como estado del arte de la *Conversaciones Cara a Cara*, se encontró la investigación realizada por Mayfield, *et. al.* (2009) que se centra en la importancia del Lenguaje Motivacional entre Jefe y Colaborador, apoyado por diversos estudios (Mayfield, *et.al*, 2004; Sharborough, *et. al*, 2006; Zorn, *et.al*, 1998; citados por Mayfield *et.al*, 2009) que garantizan que es aplicable a todo tipo de trabajadores y organizaciones. La selección de la muestra fue a conveniencia (voluntaria) y los participantes fueron trabajadores con nivel universitario. Se les pidió que evaluaran el nivel motivacional del lenguaje que sus jefes utilizaban al dirigirse hacia ellos. Se analizaron 305 encuestas y los resultados arrojaron las siguientes conclusiones: a) El lenguaje motivacional que utiliza el líder se relaciona con los resultados del colaborador; b) Existe relación entre el lenguaje del líder y la conducta del colaborador, incidiendo en el cambio de este último (Sullivan, 1998 citado por Mayfield *et.al*, 2009); c) El Lenguaje motivacional del líder afecta positivamente el desempeño, retención y satisfacción del colaborador; d) La comunicación del jefe se relaciona con las actitudes del colaborador.

Ya Buber (1923) había resaltado los valores fundamentales de la vida humana ubicando la solidaridad, el respeto al otro, la tolerancia, la no discriminación y el amor por el prójimo, en comunión con Dios como base de la comunidad, de la interacción y el encuentro con el otro y subrayó que el diálogo yo-tú (*conversación cara a cara*) provee una experiencia significativa que es la base de la confianza (Rogers, 2009).

Ahora se sabe que la comunicación es la actividad de mayor peso entre quienes son considerados jefes eficaces y ésta fortalece significativamente la formación de redes (práctica colaborativa) como los han demostrado estudios recientes llevados a cabo en Australia, Israel, Italia, Japón y Estados Unidos. Hoy en día, las competencias interpersonales, son la base del éxito (Goleman, 2005; Gardner, 2008; Robbins, 2009)

Comunicar al otro la propia autenticidad, respeto y empatía, se consigue mediante una expresión o lenguaje facial, no verbal e involuntario que puede incluso revelar una realidad oculta. Para convertirse en una persona profundamente comprometida en la relación personal, hay que despojarse de atributos técnicos y científicos a la vez que estar dispuesto a ese Encuentro profundo que provoca los ámbitos significativos de relación y generar espacios de confianza (Kögler y Steuber, 2000).

El modelo de diálogo apreciativo busca incrementar el poder de la interacción personal jefe-colaborador) desarrollando habilidades básicas conversacionales basadas en la empatía, consideración positiva, aceptación incondicional y congruencia que incidan en el autoconcepto al sentir aceptación, generar las aceptación a los demás y por ende, instensificar la comunicación, práctica colaborativa y resultados positivos a través de la autorresponsabilidad que permite el cuestionar valores externos para internalizar los propios, desgajar las máscaras y encontrar el centro que permite el Encuentro dialógico en el otro y acciona llegar a ser quién se ha sido llamado a ser (Rogers, 1964, 2009, 2008, 2007, 2003, 2000, 1999; López 2003, 1998). Es un cambio de paradigma, una nueva forma de abordar la relación jefe-colaborador desde un ámbito socioemocional que generará la afectividad necesaria para la productividad y resultados (Arias, 2000).

Romper paradigmas, lleva a nuevas formas de hacer las cosas, es jalar hacia el futuro con propósitos y objetivos, fundamentados en planes y proyectos, con conciencia de capacidad (autoestima), fuerte ambición (necesidad de logro), abriendo ventanas hacia nuevos horizontes encarnados en grandes valores y experiencias de plenitud y felicidad, resultantes del flujo creativo que llevan a la conducta productiva y promueven la autorrealización. Una persona que logra este sentimiento de plenitud, promoverá actitudes positivas hacia la vida y el trabajo y tendrá una conducta productiva. La generación de ideas verdaderamente nuevas, se encuentran en la profundidad del ser, por ello, son lo que lleva a ser personas capaces, fructíferas y funcionales (Rodríguez, 1998).

Los referentes teóricos muestran que este tema ha sido poco estudiado y abordado, además las investigaciones halladas datan de finales del siglo XX a la fecha, por lo que se considera un tema innovador para estudios científicos.

1.3. Justificación

Comunicarse enriquece la vida al escuchar con profundidad "las palabras, pensamientos, tonos sensoriales, el significado personal e incluso el oculto tras la intención consciente del comunicante", se aprecian verdaderamente "los sonidos y el sentir, del mundo interno del interlocutor" que llevan a establecer ese intercambio interpersonal auténtico que hace sentir al otro, seguro y confiado (Rogers, 2007).

Sentir confianza, lleva a un mejor alcance de las metas, objetivos y aspiraciones y del mismo modo, permiten las relaciones adecuadas con los jefes lo que fomenta sumar los objetivos personales a los institucionales. Las organizaciones que ponen primero a la gente, valoran la diversidad cultural, edad, género, se preocupan por la familia y ayudan a los trabajadores a equilibrar responsabilidades personales y laborales con programas centrados en la persona e invierten en la permanente actualización y desarrollo de sus talentos, facultando el uso de autoridad y responsabilidad personal, logran una fuerza de trabajo más dedicada y comprometida que se traduce en una mayor productividad y satisfacción (Manville, *et al*, 2003; Robbins, 2009).

La persona productiva y satisfecha, es la que ha alcanzado un grado de madurez psicológica que le permite estar en contacto con sus vivencias, esto le hace ser sincero, independiente, autónomo, tener autoconocimiento y desarrollar relaciones interpersonales afectuosas, plenas de sensibilidad y responsabilidad social que son la base de los valores organizacionales que favorecen el bien común cuando se busca el perfeccionamiento del ser – propio y de otros (Rogers, et. al, 2003).

El mundo actual exige cada vez más, trabajo colaborativo, comunicación en redes; sin embargo, aún hoy, en el siglo XXI, en las organizaciones hay gran competencia por tratar de sobresalir individualmente y sólo se logran diferencias y conflictos disfuncionales que cuando se polarizan, complican el trabajo en equipo, la productividad y la satisfacción; provocando además, aislamiento, evasión y disminución del desempeño y resultados (Reig, et al, 2001).

Por otra parte, es común el poco reconocimiento a través de una realimentación positiva de parte de los jefes hacia sus colaboradores; investigadores como Zorn y Ruccio (citados por Mayfield, 2009) demostraron que el jefe tiene una gran incidencia en los resultados de su equipo y si utiliza un lenguaje motivacional, incrementa el desempeño y los aspectos afectivos que facilitan el desarrollo, subrayando su importancia.

El lenguaje motivante por parte del líder, provee la dirección, significado y empatía que fomentan el cambio de actitudes y comportamiento del colaborador, incidiendo en sus resultados y mejorando el desempeño, innovación y satisfacción laboral. La motivación de los empleados ha sido estrechamente asociada al tipo de comportamiento del líder y sus prácticas de comunicación explícita e implícita. La calidad en el intercambio de la información entre colaboradores y jefes, ha sido apoyada fuertemente como moderador clave de actitudes tales como satisfacción laboral y lealtad (Mayfield, et al, 2009).

Es indispensable que las organizaciones creen espacios que fomenten el diálogo y el conocimiento se comparta en redes de confianza y colaboración. Se debe facilitar la autonomía, seguridad, desencadenamiento de competencias y talentos que incrementen el potencial de las personas y generen ventaja competitiva. Las relaciones interpersonales deben basarse en el aprecio y entonces, el talento humano estará dispuesto a afrontar grandes retos; aprender y desaprender; volver a aprender para emprender y ser partícipe de la construcción de grandes empresas (Rodríguez, *et. al*, 1998; Argyris, 1999; Senge, 2002; Nonaka, *et.al*, 1999).

Por ello, es necesario construir en las organizaciones, relaciones sanas y productivas que permitan disfrutar del trabajo en equipo (Reig *et al*, 2001) donde se desarrolle un adecuado autoconcepto, con la autoestima, motivación, calidad de vida e integridad que permitan desarrollar la identificación plena de una persona íntegra que será capaz de invertir todo su esfuerzo productivo con la confianza de poder compartir sus conocimientos y mejores prácticas, en comunidad (Wheatley, *et al.*, 1999; Wenger, 2002).

Las comunidades permiten estrechar lazos, intercambiar experiencias positivas, compartir las mejores prácticas y reconocerse – unos a otros – como Personas en proceso de constante crecimiento y autoactualización permanente (Rogers, 2008).

Además, el encuentro jefe-colaborador, resulta tan importante que puede facilitar la apertura hacia una comunicación sana y expresión franca y directa de opiniones, pensamientos y sentimientos. Las relaciones fundamentadas en la aceptación, congruencia, respeto y comprensión, promueven la actitud productiva en formas creativas. (Rogers, 2009).

La importancia de este estudio reside en el hecho de que Carl Ransom Rogers (1902-1987) con su teoría no directiva, tuvo la oportunidad de comprobar los cambios evidentes, el crecimiento y surgimiento de nuevas actitudes en las Personas administradas a través del Enfoque Centrado en la Persona, en los ámbitos terapéutico y educativo primordialmente; ya en sus últimos años, pudo incursionar en el ámbito organizacional con el mismo resultado; sin embargo, las publicaciones respecto a la investigación científica en el contexto del Desarrollo Humano aplicado a las Organizaciones, son muy pocas; así que se pretende demostrar, el valor teórico de esta técnica y dar a conocer como aportación innovadora, el diálogo apreciativo centrado en la persona en conversaciones cara a cara jefe-colaborador para facilitar la comunicación, práctica colaborativa y resultados en los equipos de trabajo.

Los resultados de esta investigación permitirán demostrar que el establecimiento de actitudes positivas de aprecio y valoración a través del Enfoque Centrado en la Persona en conversaciones cara a cara jefe–colaborador, mejorarán la comunicación, la participación colaborativa y por ende, la efectividad del equipo a través del diálogo y la práctica colaborativa que son los pilares de la cultura interna de confianza y diálogo de esta Universidad con valores humanistas.

1.4. Delimitación Fáctica

A pesar de las estadísticas de que el 80% de los problemas de las Empresas se relacionan con el factor humano, es en el que menos se invierte y siendo las personas de quienes depende la calidad y productividad, se requieren líderes con formación humanista que comprendan y acepten a los demás como son, a fin de facilitar su autorresponsabilidad y despertar el sentido de colaboración que logre sumar objetivos personales a los organizacionales y alcanzar un grado de satisfacción que libere capacidades, fortalezca el autoconcepto y por ende, los resultados (Rodríguez, et al, 1988).

La Institución de Educación Superior donde se llevó a cabo esta investigación manifestó interés por su fundamentación humanista centrada en la persona y por ello, se espera que su gente viva estos valores procurando que cada miembro de la comunidad considere al otro, como un ser digno, íntegro, holístico, trascendente y capaz de mantenerse en constante desarrollo y crecimiento permanente, esperan que se favorezca un sano autoconcepto que provea una comunicación fluida y facilite la práctica colaborativa y resultados positivos, en un ambiente de confianza y diálogo.

El Estudio de Top Companies realizado en 2009, puntuó en el nivel de regular (80 – 89%) el estado de la Comunicación; Cohesión Organizacional; Relación Laboral; Información sobre Políticas y su Calidad, Procedimientos y Prácticas; Condiciones y Organización del Trabajo; con expectativas de las personas hacia tener mayor reconocimiento, menor presión; mejoras en el balance de vida-trabajo, optimización de roles, innovación, condiciones más equitativas (menor favoritismo) y justicia.

Por ello, buscando beneficios que permitieran el logro de mejoras individuales y de las áreas en forma sistémica, se aceptó que impulsar las conversaciones cara a cara entre los Coordinadores Académicos y sus colaboradores de tiempo completo, reforzaría la relación entre ellos y facilitaría el apoyo mutuo permitiendo el involucramiento en los logros.

Por tal motivo, esta investigación está orientada a beneficiar a toda la comunidad universitaria propiciando el diálogo apreciativo centrado en la persona en conversaciones cara a cara que facilite un sano autoconcepto y propicie la apertura basada en una comunicación sana que favorezca la práctica colaborativa y los resultados.

1.5. Delimitación Teórica

El hombre y la mujer primitivos – haciendo historia - trabajaban para satisfacer sus necesidades inmediatas, lo que seguramente les facilitaba mantener actitudes positivas. Sin embargo, la civilización en desarrollo, fue distanciando el trabajo de las necesidades biológicas y con la masificación de funciones que ya no requieren de habilidades o diversidad, se provocó carencia de motivadores; sólo los que tenían la oportunidad de planear, dirigir y controlar su propio trabajo, lograban sentir satisfacción. Por ejemplo los esclavos, no tenían sentido de logro o crecimiento, pues sus actividades eran tan rutinarias que carecían de significado. Por lo menos, la minoría que se dedicaba a la artesanía, si bien su trabajo no estaba directamente relacionado a la satisfacción de necesidades biológicas, se las proporcionaba su creatividad (González, 1987). El interés por las personas dentro del ámbito laboral, surgió en los años posteriores a las guerras mundiales cuando las industrias de mayor prestigio se orientaron hacia los aspectos psicológicos; como ejemplo, Procter and Gamble, Philadelphia Company y la famosa fábrica Hawthorne de la Western Electric, entre otras, cuyas investigaciones mostraron la necesidad de las personas de ser tomadas en cuenta - sentirse especiales – para estar dispuestas a dar resultados (Herzberg, *et al,* 1993).

Fueron Roethlisberger y Dickson (citados por Luthans, 2008) quienes en 1939 publicaron las investigaciones realizadas dentro de la Hawthorne Western Electric Company donde Elton Mayo – reconocido como el "Padre del Movimiento de las Relaciones Humanas", descubrió cómo la motivación, la moral y las relaciones positivas, son la base de la productividad.

En cuanto a esto, se ha demostrado que los individuos productivos son los que sienten satisfacción laboral y se sabe que ésta también se asocia al estilo de liderazgo; por ello la importancia de que el líder se centre en la persona y facilite el crecimiento y desarrollo de sus colaboradores, con esperanza y aliento, minimizando las diferencias, buscando la integración y evitando rechazos (Reig, *et al*, 2001).

También se ha observado que los líderes, influyen en el humor y emociones de sus seguidores; los que manifiestan ira, provocan nerviosismo y stress; los que expresan tristeza, generan nulo entusiasmo y fatiga. Así que la facilitación del afecto positivo, redundará en mejores decisiones, relaciones, creatividad, persistencia en las metas y en la conducta de ayuda dentro del grupo de trabajo (Vidrio, 2005).

Las vivencias adecuadas según Seeman (citado por Mc Caslin, 2004), proveen el grado de autodeterminación e independencia en la toma de decisiones que se asocian al creciente agrado y respeto mutuos. También Dittes (citado por Rogers, 2007) encontró que si la persona percibe como amenaza la falta de aceptación cálida y permisiva, se promueve un verdadero "desajuste" psicológico que provoca relaciones personales inadecuadas con los cercanos significativos y como muchas de estas actitudes se aprenden en la infancia, una relación favorable con una persona de autoridad, como el jefe o terapeuta, puede restablecer ese desequilibrio.

El cambio, se da en base a la calidad de sentimientos y aceptación que se expresan hacia las personas y que provocan relaciones satisfactorias y armoniosas. Fiedler (citado por Mc Caslin, 2004), describe la importancia y el papel decisivo que juega la relación interpersonal cuando se participa plenamente en la comunicación, se sintonizan comentarios, se comprenden sentimientos, se siguen líneas de pensamiento y cuando van acompañadas por un tono de voz que proyecte igualdad y facilite la comprensión empática, el resultado es clave en el proceso de crecimiento de una persona.

Rogers (citado por Lafarga, *et al*, 2006) dice que cuando se comunica una consideración positiva incondicional en un contexto libre de amenazas, se establece un contexto de seguridad y la empatía, se da al vivir – como propios – la realidad interna y privada, confusión, temor, angustia y sentimientos del otro. El grado de cambio constructivo en la personalidad, es proporcional a la percepción del otro como auténtico y sentirse respetado incondicionalmente y comprendido.

En estas condiciones, los encuentros cara a cara propician un diálogo significativo de relación que genera espacios de confianza (Kögler, *et. al*, 2000), atributo fundamental vinculado al liderazgo que facilita el desempeño del equipo cuyos miembros, esperan que su líder sea honesto, íntegro y sensiblemente congruente, capaz de facilitar la autocomprensión y autoconfianza (Herzberg, 2003).

Los descubrimientos más recientes, han demostrado que existe una relación positiva jefe-colaborador que influye significativamente en la productividad y resulta ser más importante que cualquier cambio en las condiciones ambientales; además, influencia actitudes de entusiasmo, compromiso y alto desempeño en las organizaciones (Luthans, 2008).

Los líderes exitosos, instrumentan el trabajo de tal manera que sus colaboradores puedan tener logros creativos y los realimenta enfocándose en sus necesidades como individuos (Herzberg, *et al*, 1993).

Si el máximo líder de una organización, ejerce una influencia positiva en el desarrollo de las actividades de los grupos directivos y establece el tono y clima de interacción entre todos los miembros, los colaboradores actuarán también en forma constructiva, objetiva y con sentido de justicia, propiciando actitudes y comportamientos positivos en los niveles básicos quienes a su vez, desarrollarán consideración positiva hacia sus jefes y hacia la institución en general. El directivo, es el arquitecto de la moral organizacional y cuando existe una atmósfera de igualdad y espíritu de equipo entre el personal, la creatividad florece y los individuos, utilizan su iniciativa Por lo tanto, generar actitudes de Empatía, Aceptación Incondicional, Consideración Positiva y Congruencia que permitan una comunicación sana, clara y directa basada en la asertividad y el diálogo apreciativo; incidirá en el autoconcepto y reforzará la autoestima. Por otra parte, la realimentación positiva constante, generará una actitud productiva sostenida (Rodríguez, 1997; Lafarga, *et al*, 1988).

El nuevo modelo humanista, sistémico, holístico y orientado a generar y compartir conocimiento en las nuevas organizaciones del Siglo XXI, requiere tener a la persona como centro, en el entendido de que genera capital intelectual que resulta en ventaja competitiva.

Como expresan González y Olivares (2005) es tiempo de adquirir modelos propios y crear una interdependencia que permita hacer conciencia de que el crecimiento está en función de entender al otro, respetarlo y aprender a negociar para construir mercados en sociedades abiertas y económicamente viables. El ser humano se construye con recursos y ambientes propicios que fomentan el desarrollo - organizacional y personal.

Las personas desarrollan un sentido de vida, identidad y trascendencia dentro de las organizaciones y aquí comparten ideas, sentimientos, emociones, intereses y aspiraciones; por ello, los responsables a cargo, deben saber cómo canalizar y orientar los comportamientos hacia la productividad, calidad, eficiencia y eficacia y lograr ser competitivos en un mundo globalizado (Luthans, 2008).

Este esfuerzo conjunto sólo verá frutos si se trabaja en comunidad y la práctica colaborativa, se sustenta en relaciones sanas y productivas donde fluya una comunicación abierta y multidireccional que permita el diálogo apreciativo cara a cara donde se escuchen activamente ideas, sugerencias, opiniones, conocimientos y se den aprendizajes significativos para el bien común y cada persona pueda sentirse plena y capaz de invertir todo su potencial, competencias y talentos orientados al bien ser, bien estar, bien hacer y bien convivir, hacia el crecimiento orgánico, holístico e integral - personal y organizacional -, al unísono.

En la revisión teórica, se encontró como hecho generalizado en diversas investigaciones, la relevancia de la relación Jefe-Colaborador como generadora de actitudes clave como lealtad, colaboración, satisfacción, desempeño y percepción adecuada del líder (Mayfield, et. al, 2009); la importancia del contrato psicológico más que el laboral (Arias, 2000); la necesidad de facilitar autoestima e incrementar el autoconcepto para generar un cambio (Branden, 2005; Rogers, 2007; Rogers, 2009); la indispensable participación de los colaboradores en la toma de decisiones vitales, la integración y el consenso (Cooperrider, et al, 2000; Dittman, 2005); y por último, la ventaja de facilitar Empatía, Apoyo Incondicional, Consideración Positiva y Congruencia como condiciones necesarias y suficientes para liberar los elementos que obstaculizan el desarrollo normal, proceso que se vincula a la expresión y clarificación de los sentimientos para la comprensión de las circunstancias presentes y la relación cara a cara, como elemento determinante (Rogers, 2000; 2000; 2001; 2007; 2009) Se sabe que existe una relación positiva entre jefe y colaborador que influye significativamente en la productividad y esta interacción resulta ser más importante que cualquier cambio en las condiciones ambientales; así que, sólo los líderes capaces de influenciar positivamente las actitudes de sus empleados, generan entusiasmo, compromiso y alto desempeño en las organizaciones (Seligman, *et al*, 2000).

1.6. Objetivos de la Investigación

Por ello, considerando que la relación jefe-colaborador es un binomio básico que incide en la conducta productiva y la satisfacción laboral; esta investigación pretende demostrar que si el Jefe proporciona una realimentación constante utilizando un diálogo apreciativo centrado en la persona en conversaciones cara a cara, el Colaborador al percibir mejores condiciones y sentir aceptación, cambia su autoconcepto y logra permear esa autoaceptación hacia los otros, mejorando su comunicación lo que lo dispondría a la práctica colaborativa y por ende, a lograr resultados positivos en su área de trabajo.

1.7. Preguntas de Investigación

Se cree que este proceso de cambio constructivo, puede darse en todo tipo de relación (Jefe-Colaborador; Maestro-Alumno; Padre-Hijo; Madre-Hija; Esposo-Esposa; Amigo-Amiga; Tú-Yo) y varios estudios previos así lo demuestran; entonces, surgen las Preguntas de Investigación:

¿Si se facilita en los Jefes el uso de conversaciones cara a cara a través del diálogo apreciativo centrado en la persona con sus Colaboradores; cambiarán sus percepciones respecto a sentir Empatía, Consideración Positiva, Aceptación Incondicional y Congruencia de parte de ellos e incidirá en su Autoconcepto?

¿Se podrá replicar este Modelo de gestión Jefe-Colaborador dentro de otras organizaciones de cualquier sector con los mismos resultados?

1.8. Planteamiento de la Hipótesis

Si se facilita en los Jefes el uso del diálogo apreciativo en conversaciones cara a cara con sus Colaboradores; entonces ellos percibirán mayor Empatía, Apoyo Incondicional, Consideración Positiva y Congruencia que incidirán en su Autoconcepto.

1.9. Objetivo General

Demostrar que si el Jefe utiliza el diálogo apreciativo centrado en la persona en conversaciones cara a cara con cada Colaborador, éste percibirá mayor Empatía, Apoyo Incondicional, Consideración Positiva y Congruencia que incidirán en su Autoconcepto.

1.10. Objetivos Particulares

- Analizar las condiciones actuales en el manejo del talento humano en las áreas de trabajo.

- Establecer la percepción inicial de Empatía, Aceptación Incondicional, Consideración Positiva y Congruencia sentidas por cada Colaborador de parte de sus jefes con el Cuestionario de Medición del Enfoque Centrado en la Persona.

- Medir el nivel de Autoconcepto, Autoestima y Autocomportamiento inicial de los Colaboradores en las dimensiones Física, Moral Ética, Personal, Social y Familiar más la Escala de Auitocrítica a través del Test de Fitts en su Versión en Español diseñada por J. Rosado en 1992.

- Intervenir en Comunidades donde se facilite el uso de diálogo apreciativo centrado en la persona en conversaciones cara a cara jefe-colaborador a través de diversos temas de sensibilización con los Coordinadores Académicos que deseen participar en el proyecto de Septiembre de 2009 a Junio de 2010.

○ Determinar la percepción final de Empatía, Aceptación Incondicional, Consideración Positiva y Congruencia sentidas por cada Colaborador de parte de sus jefes con el Cuestionario de Medición del Enfoque Centrado en la Persona.

○ Medir el cambio del Autoconcepto, Autoestima y Autocomportamiento de los Colaboradores en las dimensiones Física, Moral Ética, Personal, Social y Familiar más la Escala de Autocrítica a través del Test de Fitts en su Versión en Español diseñada por J. Rosado en 1992.

○ Analizar las diferencias para corroborar la hipótesis.

○ Determinar los hallazgos.

1.11. Limitaciones

La participación de los sujetos en el estudio, tanto de los Jefes como sus Colaboradores directos, fue a conveniencia. En promedio sólo el 48.2% del equipo de Coordinadores voluntarios acudió con regularidad a las Comunidades de Diálogo Apreciativo y sólo cuando se trataba de un tema de interés general, se presentaban todos. En todo momento se les dijo que la asistencia era voluntaria. En el término de 6 meses hubo cambio de 2 Coordinadores e ingresaron 3 Nuevos. Así que en el Pretest del Cuestionario de Medición del Enfoque Centrado en la Persona y del Test de Autoconcepto de Fitts participaron los 38 colaboradores directos de los 18 jefes y uno de los tests fue eliminado por estar incompleto quedando una muestra final de 37 colaboradores. En el Postest, por los cambios mencionados sólo se evaluó a 23 colaboradores que seguían dependiendo de los Coodinadores vigentes y de estos, se eliminaron 2 Tests por estar incompletos, quedando 21 sujetos.

CAPÍTULO 2

MARCO TEÓRICO

2.1. Introducción

Cada persona posee amplios recursos internos de autocomprensión, manejo y adaptación del Autoconcepto, actitudes fundamentales y orientación a la autodirección. Canalizarlos, requiere de un ambiente que facilite actitudes psicológicas de Empatía, Consideración positiva, Apoyo incondicional y Congruencia a través de un diálogo apreciativo centrado en la persona que desencadene un proceso de crecimiento tal que, al incrementarse el Autoconcepto y la autoestima, fluya una comunicación sana, abierta, franca y sincera que permita la práctica colaborativa y logro de resultados positivos (Rogers, 2001).

Ya Chester Barnard (citado por Luthans, 2009) desde 1959, había desarrollado una teoría organizacional fundamentada en la importancia de las personas y manifestó que "la autoridad debería sostenerse de abajo hacia arriba" y buscarse un sistema de cooperación que sólo podía darse a través de las habilidades de comunicación.

Por lo que respecta a la filosofía japonesa, la comunicación es esencial para el conocimiento y en éste, la personalidad participa como un todo y la experiencia, se da en forma total siendo la persona el sujeto de acción e interacción – colectiva y orgánica, a favor de "yo y el otro" (Nonaka, *et al.,* 1999).

En las organizaciones que aprenden, son las personas las que generan las acciones que conducen al conocimiento, sin embargo lo harán si existe un clima de confianza y, para poder expresar sus sentimientos, primero deberán modificar su proceso de razonamiento y entonces, lograrán el cambio si perciben las situaciones libres de amenazas; de esta forma, serán capaces de accionar situaciones de ganar-ganar y generar práctica colaborativa (Argyris, 1999).

Esto es lo que Rogers (2009) llama "Convertirse en Persona" un proceso continuo de cambio que paulatinamente lleva a la integración organísmica y el individuo cada vez, se siente más capaz, satisfecho y pleno. Esta satisfacción interna incrementa su sentir respecto a sí mismo (Autoconcepto) y al ser más aceptante de otros, buscará el bien ser, bien estar y bien hacer, para el bien común, hacia el crecimiento.

Cada etapa de crecimiento implica una individuación más pronunciada y una integración más profunda; en el nivel más alto de desarrollo, se refina el carácter único y se controlan los pensamientos, sentimientos y acciones; se disfruta de la diversidad, magnificencia y se busca más la unidad. Las organizaciones deben animar a cada persona, hacia la complejidad que fortalece el yo, reta al aprendizaje continuo y mejora la calidad de vida, fundamentados en valores y dentro de una visión de evolución contante (Csikszentmihalyi, 2003).

Este cambio sostenido, es una tendencia constructiva del organismo hacia la plenitud, satisfacción, autorregulación y sentido de poder – ser y hacer – que provoca una relación de facilitación intensiva – terapéutica – en sentido positivo y volitivo, hacia la totalidad de sus posibilidades y potencialidades – competencias y talentos – con resultados holísticos evidentes, en procesos recíprocos de causas y efectos multirrelacionados que crean nueva información y formas inesperadas – continuamente activas y creativas -; provocan la autoconciencia – ese sentirse relacionado con –; entrelazan el propio self y el de los otros en redes de comunidad vivas, plenas de sentido, sentimientos, emociones, cogniciones y relaciones; facilitan el aprendizaje – desde el interior hasta el exterior -; y, conectan con el todo (Rogers, 2001).

Es en esa relación que el Líder sirve de modelo invitando al crecimiento y a tener una mejor calidad de vida creando un clima de sinergia que facilita el desarrollo de sus colaboradores y los invita a la acción, reforzando su motivación intrínseca, creatividad y compromiso hacia los resultados, satisfacción, productividad y lealtad. Si el Líder enfrenta el caos positivamente, los otros lo harán también percibiendo con seguridad, la aventura, curiosidad y riesgo; transformando este poder en naturaleza, educación, tecnología, fe y comunidad. La salud y bienestar de los colaboradores es de suma atención para hacer que "gente ordinaria logre lo extraordinario" y como la productividad depende de la persona, la organización que aprende, debe estar al servicio de su principal capital, el humano e invertirle tiempo, buscando una relación activa – cara a cara – que propicie la comunicación en redes de conocimiento orientadas a descubrir y desarrollar potencialidades (Drucker, 2002).

Estas interrelaciones entre personas deben darse a través de una comunicación sana y efectiva donde cada interlocutor (emisor y receptor) realmente aprenda a escuchar al otro con atención focalizada y realimente sin juicios.

Comunicarse sin juicios, significa evitar la reacción inmediata natural de evaluar – aprobar o desaprobar – desde un punto de vista personal, lo que el otro dice. Hecho que, plagado de sentimientos y emociones, bloquea la comunicación (común-unión), decrementa la empatía y se disuelve en dos posturas – evaluaciones o sentimientos - que parecen irreconciliables y aisladas del marco de común acuerdo. Comunicar, implica comprender la idea y actitud que expresa el emisor, sentir "como si" fuera propio lo que está experimentando y contactar su marco de referencia en "su" discurso. Todo esto en conjunto, resulta ser un potente catalizador de la estructura básica de la personalidad que dispara el cambio hacia una total apertura y disposición a relacionarse con otros en redes de colaboración (Rogers, *et al*, 2000).

Senge y Argyris (citados por Luthans, 2008) subrayan que las organizaciones que aprenden reconocen la visión compartida, muestran apertura a las nuevas ideas y al ambiente externo; si son – porosas - permean una cultura de continuo aprendizaje (aprender a aprender y a desaprender) basado en la empatía que refleja la consideración e interés genuinos en las sugerencias e innovaciones de los empleados que, retribuidas a través de un sistema de compensación – intrínseca – generan experimentación y realimentación continuas y entonces, se reconoce el efecto de sus decisiones y cambian sus comportamientos, manifestando actitudes positivas hacia la responsabilidad y práctica colaborativa fundamentadas en relaciones productivas plenas de comunicación.

La conciencia en la relevancia de la comunicación sana, eficaz y eficiente que abre puertas a las redes del conocimiento y a la práctica colaborativa generando resultados, permite romper con el individualismo fundamentado en el egoísmo que en el siglo XXI – aún revolucionado por la tecnología de la información y la tendencia global que exige convivir en comunidad -; hace que todavía en las organizaciones mexicanas de cualquier sector, prevalezca la centralización de autoridad, necesidad de control y luchas por el poder (Rodríguez, *et. al. 1998*).

En este contexto, las áreas de trabajo se convierten en reinos que compiten entre sí poniendo barreras al trabajo en equipo y conflictos que lejos de orientarse al bien común, refuerzan los mecanismos de defensa a costa de la autoestima y Autoconcepto – alejando el yo real del ideal, lo suficiente para desorganizar la conducta y al suplir el ser por el tener o confundirlo con el hacer, llega a actitudes destructivas que afectan la responsabilidad y compromiso unificado vital que permite alcanzar los niveles de productividad requeridos para el posicionamiento de nuestro país en mercados globales, situación que refleja las consecuencias holísticas y sistémicas del comportamiento (Robbins, 2009; Rogers, 2007; Arias, 2000; Rodríguez, *et. al.*, 1998).

El pensamiento sistémico, se desarrolla en las organizaciones que aprenden para identificar relaciones entre problemas, acontecimientos y datos en conjunto y, sus miembros, logran manejar adecuadamente las fuentes de conflicto negociando a través de intercambios inteligentes, con rapidez. Así resalta la verdadera importancia de la persona como primer nivel de estudio del comportamiento organizacional y su relación con el Autoconcepto, ya que la habilidad para negociar y ser creativa, implica funcionar en totalidad, desarrollarse en pleno y estar consciente de las competencias y talentos fundamentales para crear ventaja competitiva en redes de colaboración eliminando barreras y desarrollando una cultura de comunidad y creatividad, en un clima de aceptación (Luthans, 2008).

Sin embargo, así como el niño aprende a sentirse incómodo porque sus padres lo desaprueban y el adolescente busca a toda costa ser aceptado por otros para sentirse bien consigo mismo; el adulto – en su etapa productiva -, también necesita reconocimiento a través de la realimentación constante de sus jefes inmediatos. Sin embargo, es común percibir a personas desmotivadas quizá ante la inequidad entre el esfuerzo que realizan y la retribución que reciben o; a causa del jefe que sólo subraya sus errores; o bien, sus compañeros le impiden sentirse parte del equipo; o quizá, su familia, amigos o vecinos, le exigen mostrar un cierto status y valores impuestos; entonces, buscan sobresalir a toda costa compitiendo entre sí, en lugar de colaborar sumergidos en una visión común hacia un mismo objetivo Todo esto limita el contacto con su ser interior, con ese sentirse "Persona" y funcionar con todo su potencial para ser productivo, dar resultados y sentir satisfacción personal por su aportación al capital intelectual de su empresa y comunidad (Robbins, 2009; Rogers, *et al*, 2003; Luthans, 2008).

Así, la satisfacción total, resulta imposible en una persona dependiente e insegura que desconoce sus capacidades e ignora cómo obtener reconocimiento y mejorar su Autoconcepto y si se encuentra en ese estado, ¿cómo podría enfrentar grandes retos o crear grandes empresas? (Rodríguez, *et al.*, 1998).

Aún en las instituciones educativas tradicionales se cree que "cargar" al estudiante le aportará beneficios a su experiencia y; lejos de permitir que sea parte activa de su aprendizaje, el Maestro desconfía de su potencial y lo satura de información que ante la poca relevancia organísmica, carece de significado para él y le crea apatía y aburrimiento hasta que finalmente "se desconecta" del ambiente creado como línea de montaje impulsada por un rígido programa de actividades diarias, donde su participación es casi nula y luego, se les exige a los alumnos ser "líderes y emprendedores" cuando el aprendizaje se centró en el control y no en la persona (Senge, 2002).

Por ello, es necesario fomentar una nueva cultura centrada en la persona en toda relación, sea jefe-colaborador, esposo-esposa, padre-hijo, amigo-amiga; se debe facilitar el aprecio en conversaciones cara a cara que permitan el reforzamiento de un alto Autoconcepto – entendido como la valoración del sí mismo en diferentes contextos; de la autoestima – cuyo significado estriba en el estado de competencia autopercibida; la motivación - como la tendencia que conduce a la satisfacción de una necesidad sentida – y; la calidad de vida – visto como el estado óptimo que permite el desarrollo armónico - y que éstas en conjunto, lleven a cada individuo a integrar sus aspectos fundamentales en una unidad organísmica para crecer armoniosamente y entonces, sí será capaz de aplicar todo su potencial, competencias y talentos en un esfuerzo productivo a través de la práctica colaborativa, comunicación efectiva y resultados positivos que logren el crecimiento, personal y organizacional, fundamentados en el bien ser, bien estar y bien hacer, para el bien común (Rogers, 2007).

2.2. El Desarrollo Humano en las Organizaciones

El Desarrollo Humano propone considerar a la persona como una totalidad, plena de un potencial interno orientado a la autoactualización constante y permanente como unidad bio-psico-socio-espiritual en la búsqueda del bien ser, bien estar y bien hacer. Surge cuando el estudio de la conducta humana toma en cuenta tanto las variables biológicas como las ambientales para interpretar el comportamiento y se reconocen como fenómenos inherentes al ser, la conciencia, autodeterminación, subjetividad y libre elección (González, 1987).

La libre elección supone la capacidad de contestar a la vida siendo responsable y llegar a la meta – con sentido de vida – desde sí, para el otro y con el otro, trascendiendo hacia la comunidad (Frankl, 1980)..

Responsabilizarse de la propia existencia es una tendencia natural que conduce al crecimiento y autorrealización en un clima de libertad – que significa el movimiento constante de autoconsciencia que lleva a crear un sentimiento de ir en ascenso constante en el encuentro consigo mismo – situación que facilita que el Autoconcepto pueda transformarse para vivir una vida plena (Maslow, 1994).

Así, el objetivo del desarrollo humano es ayudar a la persona a vivir una vida ampliamente satisfactoria en relación con otros; equilibrada, productiva y constructiva que favorezca la salud integral. Cada uno como responsable de su propia existencia, posee un potencial innato hacia el crecimiento personal y comunitario y debe buscar la autoactualización, sentido de vida y trascendencia. El trabajo resulta ser una fuente de significado y en este enfoque holístico y sistémico, la organización se percibe también como un sistema vivo total (Wheatley, et. al, 1999).

Por tal motivo, Manville y Ober (2003) subrayan que los aciertos centrales de las empresas modernas residen en la inteligencia, entendimiento, habilidades y experiencias de las personas que trabajan en ellas.

Es entonces que las organizaciones deben fundamentarse en el desarrollo humano para buscar el crecimiento armónico en ambas direcciones, en un clima donde la empatía, apoyo incondicional, consideración positiva y congruencia permitan la conciencia de comunidad en el bien ser, bien hacer y bien estar.

2.3. El Enfoque Centrado en la Persona

Su autor y promotor fue Carl R. Rogers (1902-1989), quien captó la necesidad que todo ser vivo tiene de un ambiente de autenticidad o Congruencia, Aceptación Incondicional, Consideración Positiva y Empatía; condiciones que activan la "tendencia actualizante" en las personas, desplegando su desarrollo y creatividad. Propuso que las características inherentes a la persona es ser positiva, constructiva, realista, digna de confianza y permanecer en un crecimiento constante. Así que fomentando las condiciones propicias, se consigue su interdependencia y en el ámbito laboral, un Liderazgo centrado en la persona, le brindará la posibilidad de ser autodirigida, autorresponsable y de alto rendimiento cuando se sienta segura en ausencia de amenazas y con la libertad de ser y elegir; entonces, se mostrará cooperativa buscando la armonía, autorregulación, sensibilidad, creatividad y adaptabilidad (Lafarga, *et al*, 2006).

El Enfoque Centrado en la Persona (ECP) nace y se desarrolla asumiendo una orientación de la naturaleza del conocimiento y de la ciencia, con una lógica que busca dar cabida a una auténtica y más empírica realidad del mundo en que se vive e interactúa, desde una visión sistémica y holística integrada que permita ver a la persona como un todo. Esta nueva forma de ver las cosas, insta al diálogo como condición indispensable para una visión más plena de las realidades que establece un acercamiento a la vida cotidiana en el diario convivir.

Martínez (2008) explica que Rogers, basado en Husserl, propone la postura fenomenológica con énfasis en la hermenéutica para percibir y sentir – a través de la experiencia del otro – lo que vive y asume; reduciendo al mínimo las propias teorías, hipótesis, intereses o sentimientos para aceptar lo que le es dado por el otro - como aparece y se presenta – el fenómeno.

Para Rogers (2009) el concepto de persona se entiende tanto en su singularidad sustancial, con sus características de unicidad, autonomía, dignidad y responsabilidad; como en su carácter relacional interpersonal, en esa interacción con otros que es parte de la vida – del nacer al morir. Por lo tanto, los aspectos relacionales y sociales, constituyen su propia esencia y existencia y son vividos con intensidad en un "encuentro" interpersonal y experiencial de reflexión mutua que forma una sola realidad configurada entre el que aplica las condiciones "necesarias y suficientes" y el que las recibe, como un proceso de ayuda bilateral.

Es por ello que las investigaciones donde se asumen cambios de actitudes, exigen ser estudiadas mediante métodos fenomenológicos por ser una realidad vivida y percibida por el otro de forma interna y personal, única, propia e inherente a su ser (Martínez, 2008).

Rogers (2009) explica lo difícil que resulta respetar la totalidad de la persona cuando se le impide diferir y usar su propia experiencia. Esto se observa en el ámbito familiar, social, laboral y hasta global. Cuesta asumir las diferencias y otorgar el beneficio a cada uno, de descubrir por sí mismo sus propios significados. Sólo se construyen puentes cuando se es una totalidad integrada y los sentimientos, actitudes, valores, personalidad, competencias, talentos y vivencias, se manifiestan como parte real y vital que hace a cada uno ser distinto al otro y aún así, aceptarse como se es, para hacerlo también con ese tú – "otro que no es yo" – y acompañarlo en su crecimiento, sin juicios ni evaluaciones..

La aplicación de todos estos conceptos en el mundo de las organizaciones – de todo tipo y sector - llevaría a deducir que el Enfoque Centrado en la Persona facilitaría la comunicación sana, abierta y franca que puede conducir a la práctica colaborativa y generar logros, entendiendo que como propone Rogers (2009):
- Para lograr la competitividad y la cooperación que exige el trabajo en equipo orientado a resultados:
Es necesario que cada miembro perciba al otro como "Persona" y para tal fin, se requiere actuar con:

✓ Empatía
✓ Consideración Positiva
✓ Aceptación Incondicional
✓ Congruencia

El significado de estos conceptos y sus consecuencias, están explicados en la Tabla No. 1 que se presenta a continuación xxx

EMPATÍA	CONSIDERACIÓN POSITIVA	ACEPTACIÓN INCONDICIONAL	CONGRUENCIA
Aprender a "ponerse en los zapatos del otro" crea CONFIANZA y -Si puedo ver las cosas desde TU punto de vista: *Tomaré en cuenta tus pensamientos, sentimientos y emociones. *Comprenderé tus acciones. *Estaré dispuesto a hacer acuerdos mutuos.	Mostrar –y que sea sentido-, un interés real por el otro: *Genera sentimientos adecuados. *Propicia la apertura para el conocimiento real. *Promueve el afecto. *Favorece un adecuado clima laboral.	Aprender a apreciar y valorar al otro... *Genera un clima libre de prejuicios. *Promueve la cooperación y el compromiso. *Facilita el acuerdo de cumplir con las expectativas. *Rompe barreras.	Ser auténtico: *Promueve la integración y la unificación.... *Desarrolla la facultad creadora. *Estimula el compromiso y la responsabilidad personal. *Genera una adecuada relación inter e intrapersonal (Encuentro). *Fomenta un buen Autoconcepto, autoestima y respeto. *Facilita mostrarse como se es. *Favorece la comunicación abierta, espontánea, clara y franca.

Tabla No. 1 Definiciones de las Condiciones que propone el Enfoque Centrado en la Persona y sus efectos.

La Tabla aquí inserta, define las Variables que Rogers (2007; 2008; 2009; 2003; 2001; 2000; 1991; 1964) considera como las condiciones necesarias y suficientes para "Convertirse en Persona" productiva y creativa en constante autoactualización.

Así que cuando la persona funciona en su totalidad, es constructiva y digna de confianza; actúa abiertamente y sin defensas; se permite experimentar y puede confiarse en que sus reacciones serán positivas y avanzará hacia la construcción de un mejor Autoconcepto que le facilite comunicarse de manera efectiva, disponerse a la práctica colaborativa y conseguir resultados positivos dentro de su equipo de trabajo y para la organización como un todo (Rogers, *et al*, 2003).

Las organizaciones modernas deben ser capaces de enfrentar los retos con una planeación más creativa, desarrollo de conocimiento válido y útil acerca de nuevos productos y procesos, acciones de cooperación fundamentadas en un compromiso interno a largo plazo interiorizado por todos con acceso continuo entre individuos y grupos donde la interdependencia sea la base de la cohesión y la comunicación sea libre y confiable para incrementar la comprensión de criterios de efectividad requeridos para enfrentar la complejidad y exista la confianza, disposición a correr riesgos y práctica colaborativa, donde las personas manifiesten sus puntos de vista, creen grupos sinérgicos, valoren sus contribuciones y las integren a los demás en un esfuerzo común, resultado del compartir conocimiento (Argyris, 2001).

La relación profunda y sincera entre personas, puede generar cambios trascendentes que también favorecen a la organización en su conjunto; entonces, hay que crear esos espacios de contacto a través de un diálogo apreciativo centrado en la persona en conversaciones cara a cara que incremente la aceptación incondicional, la consideración positiva y congruencia que permitan conectar la verdadera esencia del otro en una comunicación yo-tú y tú-yo, con realimentación constante, captando la esencia de las emociones, confrontando temores y buscando recovecos de realimentación que faciliten la empatía (Rogers, *et al*, 2000).

Porque la empatía lleva a compartir ideales, valores y emociones en una interacción intensa y laboriosa que lleva a aprender de otros y generar ese conocimiento que va del yo al tú y que se crea en el entorno como suma de experiencias, valores y percepciones de gran riqueza y fundamentales del comportamiento humano. Esa interacción humana es la dinámica de la creación de conocimiento fuente de ventaja competitiva organizacional, cuyo principal agente poseedor y procesador, es la persona. Por ello hay que conocerla y valorarla como tal (Nonaka, *et al.*, 1999).

El hecho de permitirse conocer a otra persona, penetrar en profundidad, plenitud e intensidad en su marco de referencia, es una experiencia doblemente enriquecedora; comprender y sentir las actitudes, fortalece en ambos sentidos; abrir canales en los que los demás puedan comunicar sus sentimientos y su mundo perceptual privado, es muy gratificante. Por ello, se debe mirar al otro como él mismo se ve y hacer que sienta la aceptación de sus propias percepciones y sentimientos, en un clima en el que pueda expresarse con libertad y manifestar acuerdos y desacuerdos; ya que reducir el temor o la necesidad de defensa, permite la comunicación libre; aceptar a las personas como son sin intentar que sientan, juzguen y crean como el otro; interesarse realmente en sus sentimientos; comprender sus actitudes y creencias, manifestadas como una parte real y vital propia, les ayuda a convertirse en personas. Las diferencias entre los individuos, su derecho a utilizar su experiencia a su manera y descubrir en ella sus propios significados, es una de las potencialidades más valiosas de la vida (Rogers, *et al*, 2003).

Encontrar los significados internamente, promueve la tendencia actualizante y la persona, llega a ser sus potencialidades, a expandirse, crecer, desarrollarse, madurar, expresar y realizar todas sus capacidades. Cuando el ser humano goza de libertad interior para elegir, opta por todo lo que le conduce al crecimiento y desarrollo, socializa y busca la realización conjunta (Rogers, *et al*, 2003).

La realidad es el campo perceptual privado del individuo relacionado con sus necesidades. En un clima de respeto, libertad y aprecio, el organismo avanza en dirección a una mayor independencia y autorresponsabilidad dirigiéndose al autogobierno, autorregulación y autonomía. La fuerza impulsora última es la voluntad inexorable de la persona de captarse a sí misma en un deseo de crecer y salvar cada obstáculo en su camino al desarrollo (Rogers, *et al*, 2003).

La persona avanza en dirección al crecimiento y posee medios para la autocomprensión; cambia su Autoconcepto y establece las actitudes fundamentales para dirigir su autocomportamiento, con sólo proporcionar un clima favorable de actitudes psicológicas que provoquen un movimiento hacia la realización constructiva (Maslow, 1994).

El ser humano es capaz de elegir, es responsable de su propia existencia y posee un potencial innato que tiende al desarrollo – personal y comunitario, hacia la autorrealización y trascendencia. La persona nace libre, como individuo único, irrepetible, irremplazable y autónomo; concibiéndose como una totalidad que comprende sus necesidades, pensamientos, deseos, motivaciones y actitudes; utilizando distintas formas de respuestas simbólicas, como percepción, juicio, análisis, comparación, elección y planeación; así como diversos métodos para evaluar esa información, a fin de dirigir su vida y darle sentido a su existencia (González, 1987).

Los valores que transcienden a la comunidad son intrínsecos; la autorrealización, integración, salud psíquica, individuación, autonomía, creatividad y productividad, son potencialidades de la persona. Los sentimientos como la felicidad, serenidad, alegría, responsabilidad, capacidad para dominar dificultades, ansiedades y problemas, hacen surgir su creatividad, espontaneidad, autoconciencia, autenticidad, preocupación por otros y anhelo de la verdad y todo esto, forma para de esa tendencia autorrealizante, fiel a su propia naturaleza, plena de autoconfianza, autenticidad, espontaneidad y deseosa de expresarse con sinceridad y buscar fuentes de acción en las profundidades de su ser (Maslow, 1993).

Es por esto que un enfoque centrado en la persona aplicado a muchos aspectos de la vida llevaría a una manera deseable, constructiva y viable. Nada puede evitar el impulso natural del ser humano a ser él mismo, a actualizarse individual y creativamente. La persona requiere una vida más asertiva, positiva, libre, rica, autodirigida y preocuparse profundamente por la autenticidad, valorando su habilidad para comunicarse como un medio de expresión interna con total apertura hacia los sentimientos, emociones, ideas, gestos, palabras y movimientos corporales que lo conectan con el otro en un mismo lenguaje y la capacidad de establecer relaciones interpersonales reales y completas que le permitan manejar los conflictos de la vida diaria, con ánimo, aliento y reconocimiento. Todo esto, construye personas confiadas que se conectan en redes productivas de colaboración constante (Maslow, 1993).

Al optar por relaciones directas cara a cara, las organizaciones se humanizan y van creando un entorno de confianza y diálogo que permite la autorresponsabilidad y el compromiso para formar equipos de alto desempeño con resultados productivos en los que se intercambian conocimientos, tareas o experiencias, como personas plenas.

Las personas psicológicamente maduras que van surgiendo, poseen un alto Autoconcepto y autoestima; por ello, son indiferentes a las comodidades o recompensas materiales; al poder o al éxito para sí y mantienen un constante nivel de autocrítica que les permite determinar un rumbo siempre positivo. Su postura es integrada y orientada a la colaboración. Trabajan para producir un cambio en la dirección de regresar a los otros, desde el autocontrol y autorresponsabilidad y permanecer en la búsqueda de nuevas formas de comunidad, cercanía, intimidad y propósitos compartidos. Buscan comunicarse en forma verbal, afectiva e intelectual y establecen lazos personales íntimos, creando comunidades. Mantienen un deseo claro de explorar su espacio interior, ser autoconscientes de sus procesos, sentimientos, emociones y de sus áreas de oportunidad. Confrontan sus temores con atrevimiento y libertad para explorar a través de la intuición, basada en la experiencia organísmica. Alertas de su proceso de crecimiento continuo y de constante autoactualización, se orientan al cambio siendo flexibles, con espontaneidad, vitalidad y dispuestas a arriesgarse por el bien común. Su alta autoestima y Autoconcepto – valorados en otros también y fundamentados en el bien ser, bien estar y bien hacer – mejora su autocomportamiento y genera apertura para descubrir sus competencias y talentos desde una nueva actitud. Son seres humanos que se convierten – día a día – en Personas (Rogers, *et. al*, 2003).

2.3.1. El Diálogo Apreciativo Centrado en la Persona en Conversaciones Cara a Cara Jefe-Colaborador

En la actualidad los modelos de conversación entre jefe y colaborador suelen ser poco efectivos. En su mayoría, están orientados a la tarea y los resultados, sin considerar que el eje detonador del proceso, es la persona (Luthans, 2008; Drucker, 2002).

Mirar apreciativamente al colaborador presupone considerar que en él, existen recursos (conocimientos, experiencias, sentimientos, emociones, aprendizajes, etc.) desde los que puede construir respuestas, soluciones y además crecer, personal y organizacionalmente (Dionne, 2009).

Sin embargo el acto de mirar apreciativamente al otro, requiere ciertos cambios en la interacción cara a cara. Como Peter Drucker (2002) lo menciona: "reconocer y alinear fuerzas de tal manera que las debilidades sean irrelevantes…"

El modelo de diálogo apreciativo busca facilitar la adquisición de las habilidades básicas conversacionales en una interacción cara a cara jefe-colaborador que impulse significativamente el flujo de la comunicación, la autorresponsabilidad y la práctica colaborativa en la organización, con beneficios bilaterales.

Es necesario que los jefes cuestionen su comportamiento en las conversaciones que sostienen: ¿Invierten tiempo con sus colaboradores? ¿Se interesan realmente en ellos o ellas como personas? ¿Realmente dedican tiempo a escucharlos o escucharlas y hacerles sentir que les comprenden y aceptan genuinamente? ¿Están presentes? (Dionne, 2010).

Carl Rogers (1947) con su teoría no directiva, tuvo la oportunidad de comprobar los cambios evidentes, el crecimiento y surgimiento de nuevas actitudes en las Personas administradas a través del Enfoque Centrado en la Persona (Rogers, 2009)..

Rogers (2007; 2008; 2009; 2003; 2001; 2000; 1991; 1964) considera que: "El individuo posee en sí mismo potenciales recursos para su propia comprehensión, para cambiar su Autoconcepto, sus actitudes y para dirigir su conducta y estos recursos, pueden ser liberados a condición de que un determinado clima de actitudes psicológicas facilitadoras pueda ser logrado".

En este sentido el Diálogo Apreciativo Centrado en la Persona requiere de las 4 condiciones necesarias y suficientes cuyas condiciones y efectos están definidos en la Tabla No. 1 de la página 37.

Una relación Cara a Cara requiere de la Presencia que es una cualidad indispensable para facilitar el diálogo y es precisamente "a través de la palabra" que se genera un encuentro intra e interpersonal, uno a uno; donde se recrea el aprecio que redunda en autorresponsabilidad y compromiso para la optimización constante de los resultados a través de la práctica colaborativa (Dionne 2010; Rogers (2007; 2008; 2009; 2003; 2001; 2000; 1991; 1964). La presencia puede manifestarse en varios niveles:

a) **Distante:** Cuando el contacto y la interacción son superficiales. Por ejemplo el lenguaje no verbal de una esquina a otra.

b) **Lejana:** Basada sólo en rutinas culturales o profesionales.

c) **Próxima:** Se comparten sentimientos y puntos de vista y se reconocen expresiones y situaciones comunes.

d) **Cercana:** Hay apertura sin condiciones y se está en el aquí y ahora con todos los sentidos, explorando vivencias, pensamientos y sentimientos En una situación así, la comunicación expresaría el interés por la otra persona. **e) Íntima:** Es el nivel que lleva al máximo entendimiento y comprensión, facilita verdaderos encuentros cara a cara, brinda una experiencia de apertura, unidad y conexión.

Este encuentro permite ser "tocados" y transformados "orgánismicamente" (Rogers, 2007; 2008; 2009; 2003; 2001; 2000; 1991; 1964) de forma bilateral (yo-tú) y deja una huella que facilita el cambio y permite el crecimiento en armónico. Es en este nivel, donde el aprecio surgirá como una poderosa técnica que abrirá los canales de la comunicación y el entendimiento, profundos. La presencia real, en mente y corazón; que atiende, escucha, comparte, indaga y expresa de forma no verbal a través de la mirada, con posturas y reacciones corporales, que realmente se acepta al otro y que sienta que realmente existe interés en que sea quien ha sido llamado a ser (Dionne, 2002, 2010; Reig, *et.al*, 2001).

Es así que los Líderes deben considerar que una condición elemental para que este proceso fluya positivamente, es que sus intenciones sean conguentes y transparentes pues, es un hecho que la congruencia es imposible de fingir porque las personas se darán cuenta con el tiempo. Por otra parte, los jefes deben establecer con sus colaboradores, relaciones profundas, siendo conscientes del contexto y entorno; sensibles y abiertos a la experiencia y al conocimiento; viviendo el diálogo inteligente en profundidad para generar nuevos significados y cambiar, disfrutando, para aprender y poder maravillarse cada día con el proceso que se va generando a su alrededor (Dionne, 2002, 2010).

El diálogo apreciativo es un proceso continuo cuyo poder está en la escucha activa, un espacio supremo de reconocimiento y alineación que surge en la dinámica jefe-colaborador y exige a) Estar presente; b) Crear el espacio y las condiciones apropiadas; c) Escuchar organísmicamente - con los ojos, oídos, intelecto y corazón -, con humildad; d) Mantener un estado de curiosidad acerca del otro; e) Mirar a profundidad, dando tiempo a la reflexión y al pensamiento (Dionne 2010, 2001; Reig, et.al, 2001; Rogers, (2007; 2008; 2009; 2003; 2001; 2000; 1991; 1964).

La característica de "ser centrado en la persona" implica querer entender lo que el colaborador realmente quiere decir y cuál es el mensaje real y tomar en cuenta que los ingredientes del mensaje son datos+hechos+sentimientos. Tomarse el tiempo de escuchar con cuidado la respuesta del colaborador ayuda a descifrar cómo procesó el conocimiento que lo llevará a la acción. Se debe tomar en cuenta que si hay algo que el colaborador no resuelve o cambia, el jefe, debe evitar tratar de explorar los por qué o las causas y concentrarse en lo que el otro realmente quiere que sea diferente.

El colaborador necesita saber y sentir que está siendo escuchado y comprendido antes de reaccionar ante las propuestas y si se le escucha activamente, reflejando sus respuestas, la comunicación fluirá y se mantendrá una verdadera "Conversación Cara a Cara".

Cuando el colaborador comparte un problema con su jefe, con sus causas y complejidades, debe esforzarse por captar el verdadero interés de cambio que está tratando de expresar; quizá se referirá a lo que "no quiere que suceda", entonces se debe captar y espejear esas pequeñas señales que le indicarán que va en la dirección correcta que descubrirá por sí mismo.

En la primera conversación debe crearse el momento y espacio, para entrar en relación con el colaborador de forma natural y espontánea y ganar su confianza. Se puede aprovechar la oportunidad para acordar logros o proyectos a realizar, pero siempre facilitando el flujo de la conversación cara a cara y dando libertad para que se explaye sin tratar de "adivinar" o "adelantarse" a sus respuestas, sino animándolo a que descubra por sí mismo el camino y proponga signos concretos de avance.

Al cerrar la sesión de diálogo, se deja la puerta abierta, se le pregunta qué espera para la siguiente reunión y qué propone para que las conversaciones tengan sentido y sean valiosas para él. Se le escucha activamente tomando en cuenta sus propuestas y se le anima a determinar por sí mismo, las condiciones que deben darse para que todo marche bien y se logren avances tangibles y observables – en su entorno - haciendo patente la disposición de acompañarlo en lo que necesite.

Los diálogos subsecuentes, estarán directamente relacionados con el éxito de la primera sesión, así que se debe facilitar que el colaborador exprese su sentir respecto al avance logrado entre cada reunión y buscar las condiciones que lo facilitaron, brindarle el espacio de confianza para que pueda expresar cómo ha contribuido él y los otros y cómo se percibe esto en su entorno; al terminar se le solicitan sugerencias para continuar con el proceso de mejora y se le solicita que proponga acciones y sugerencias para que las sesiones de diálogo sean más valiosas y le provean entusiasmo. Es de valiosa importancia crear sesiones donde se pueda transmitir el conocimiento adquirido, compartir las buenas prácticas y que se modelen ejemplos de cómo superar obstáculos. Lo más importante de todo esto es que son los colaboradores los que aportan las pautas de cómo enseñarles y guiarles a alcanzar sus objetivos y muchas veces, sus procedimientos son mejores; así, esta relación jefe-colaborador – se vuelve cada vez más cercana y se convierte en una oportunidad de crecimiento y desarrollo mutuo (Dionne, 2010, 2001).

La importancia de fomentar un clima de aprecio es que éste permite que: a) Los obstáculos se conviertan en facilitadores de relaciones sanas y productivas; b) Las emociones se manejen con inteligencia al facilitar la comprensión, comunicación y respeto; c) Las diferencias se arreglan y las emociones positivas fluyen para propiciar la sabiduría colectiva porque la vida es un trayecto y una misión cumplidas, aprendizaje de errores y enfrentamiento valiente de circunstancias, oportunidades de amar y ser amados, escuchar y ser escuchados, soñar, realizar, cumplir, superar obstáculos y sobretodo, aprender a salvar las diferencias y crecer. El diálogo apreciativo nos brinda la oportunidad de lograr esto y más (Buckingham, *et.al*, 2000; Dionne, 2010; Dionne, *et.al,* 2002; Flaherty, 1999; Maturana, 2008; Reig, *et.al,* 2001; Senge, *et.al,* 2004; O´Hanlon, *et.al,* 2003; Peavy, 2004

2.4. La Comunicación como elemento indispensable en el proceso de Crecimiento Personal

La comunicación es un proceso de interacción que afecta la conducta y como tal, es elemento indispensable para las relaciones humanas sanas y productivas. La interrelación para ser sana, requiere franqueza, apertura y ser centrada en la persona, partiendo de la base de que es capaz, valiosa, confiable, útil, agradable y positiva (Okun, 2001).

Comunicarse implica establecer una relación "con" una persona a fin de crear comunidad; esa "común-unión" que resulta de un esfuerzo de equipo – entre emisor y receptor – para ser entendidos, comprendidos, escuchados y tomados en cuenta, y siendo realimentados positivamente en esta constante interacción – verbal y no verbal – a través del lenguaje.

Esta interacción, genera experiencia, produce sentimientos de "expansión, dilatación, enriquecimiento y crecimiento", en un proceso de escucha activa mutua que fluye cara a cara y contacta con lo "universalmente verdadero" en una profundidad que hace llegar hasta los pensamientos más intrincados, percibir los tonos sensoriales, captar el significado personal – e incluso el oculto -; sentir los sonidos y vibrar ante el mundo interno, captando los más profundos sentimientos y emociones, dentro de una profunda experiencia de libertad que provoca el movimiento hacia el cambio (Rogers, 2007).

Este proceso involucra la total conciencia y voluntad dentro de una atención focalizada que conecta los circuitos cerebrales y se abre a la verdadera comprensión del otro, dejándolo fluir sin juicios ni evaluaciones para conectarse con su verdadera esencia y lograr esa compenetración que se funde con lo universalmente vital.

Compartir emociones, sin importar si aparecen desorganizadas; descubrir la verdadera fuente de los propios errores en el gozo de sentirse realmente escuchado, logra visualizar con absoluta claridad interna, la acción organísmica restauradora. La realimentación que refleja la verdadera intención y los sentimientos expresados por el otro, disipa las emociones y reduce las diferencias entre emisor y receptor que al unísono, se insertan en ese marco de referencia común en un juego diálogico inteligente, pleno de encuentro empático (Rogers, et al, 2000; López, 1998; Reig, et. al, 2001).

Este cambio que surge al sentirse realmente escuchado, permite el ajuste organísmico del comportamiento que abre el mundo de las vivencias y reorienta las acciones hacia la eficiencia y eficacia. Pero para que exista tal condición, el aprecio manifestado, debe reforzar el sentido de ser valioso en sí mismo, por su individualidad y unicidad.

Comprender y valorar al otro con empatía hacia su propia experiencia y darle libertad para percibir sentimientos propios y ajenos, sin que se sienta amenazado, le proporciona dirección para avanzar hacia la comunidad con disposición al desarrollo, aceptación, sensibilidad y aprecio por las relaciones profundas, verdaderas y plenamente comunicativas (Rogers, *et. al*, 2003)..

Escuchar – sin juicios, diagnósticos, evaluaciones, responsabilidades ni intenciones – de modo sensible, aceptante; con interés real y contemplativo, la experiencia del otro, su temor, culpa o desesperación, le permite mejorar su Autoconcepto y sentirse capaz de salir adelante dejando fluir sus talentos y competencias con autenticidad y disposición al encuentro, lo que en conjunto propicia la comunicación, facilita la colaboración y permite los resultados (Rogers, 2007).

Aceptar difiere de aprobar; es esa sensación de sentirse realmente escuchado y apreciado por ser quien se es, lo que disuelve murallas infranqueables que, traducidas al mundo organizacional, son fuente de la riqueza intangible del capital que produce ventaja competitiva: el relacional, humano e intelectual que genera conocimiento y aprendizaje (Lafarga, *et, al*. 2006)..

Sin embargo cambiar y derribar barreras implica riesgos. Conectarse verdaderamente con el otro, puede generar automáticamente un cambio personal y crecer duele; romper corazas y mostrar transparencia, destruye máscaras tras las que se proyecta una aparente confianza, dureza o impenetrabilidad y la vulnerabilidad, queda expuesta – con su consecuente estado de confusión inicial - como lo comenta Gómez del Campo (1975). Sin embargo, todo esto lleva finalmente a fortalecer el Autoconcepto y reforzar la autoestima que puede modificar los sistemas a los que se pertenece, empezando por el interno – familiar, social, laboral – y dejar el "enajenamiento" – sentirse ajeno -, creyendo que se pierde la verdadera esencia cuando lo que sucede, es que están cayendo los muros que impedían el surgimiento del verdadero "sí mismo". Cuando se elimina la resistencia al cambio, se inicia la apertura real hacia la verdadera aventura de ser quien se es, una Persona total e integrada que se descubre ante el reflejo del otro en el acompañamiento hacia el crecimiento – sin juicios ni evaluaciones.

La persona necesita ser quien realmente es, para vivir con ideas y valores de verdadera convicción interna -; aunque se compartan en una organización, las debe descubrir internamente - en su tiempo

– sin control ni moldeamiento impuestos – sino con la congruencia e integridad que genera apertura hacia los otros en este encuentro de realidades – cara a cara "tú-yo" – manifestando aprecio, aceptación, empatía, consideración y afecto, en un fluir constante, marcado por un interés auténtico, donde se va dando, cálidamente, esa comunicación que motiva el bien ser, bien estar y bien hacer, ante cualquier circunstancia (Rogers, 2007).

En situaciones conflictivas, cuando los ánimos están encendidos por el contenido emocional desbordado, se dificulta conectar el marco de referencia del otro, cuando lo vital es escucharlo organísmicamente para establecer una comunicación verdadera. Quizá la incursión de un tercero capaz de dejar de lado sus sentimientos y evaluaciones personales, pueda reflejar a cada parte en pugna, los sentimientos y evaluaciones a los que se aferra para clarificarlos y al sentirse comprendidos, automáticamente descenderá la defensividad.

Las Investigaciones realizadas en el ámbito de la autoestima, han demostrado que existe una relación positiva entre baja autoestima y resistencia al cambio; del mismo modo que un bajo Autoconcepto, correlaciona significativamente con baja aceptación y conduce al rechazo de los demás, insatisfacción con el entorno y por ende, al aislamiento, ausencia de comunicación y falta de cooperación (Gómez del Campo, 1975; Rogers, *et al.* 2000).

Sharbrough y Sullivan (citados por Mayfield, *et. al*, 2009), encontraron en investigaciones por separado que cuando el jefe utilizaba un lenguaje motivante, la satisfacción laboral se incrementaba en sus colaboradores, surgía la innovación y se mejoraba la percepción de la efectividad y competencia del líder. Sullivan concluyó que la comunicación estratégica está directamente relacionada con la mejora de los resultados, desempeño, satisfacción y lealtad. Cada vez que el jefe utilizaba un lenguaje motivante, directo, sin ambigüedades; exponía objetivos claros y la recompensa a obtener al cumplir las metas y proveía de realimentación empática constante, el desempeño del equipo de trabajo mejoraba significativamente.

Sentirse comprendido, cataliza y facilita el acercamiento de cada miembro del equipo hacia los demás, propiciando la comunicación y el observar la realidad de una manera más objetiva. Sentir aceptación lleva a mirar al otro con aprecio y se facilita el desarrollo de actitudes positivas que conducen a solucionar problemas de una manera más sana (Rogers, *et al*, 2000).

Halagar, valorar y otorgar reconocimiento a través de una realimentación constante dentro de una comunicación que lleve a hacer sentir aprecio genuino, desarrolla un Autoconcepto positivo y sus consecuencias, enriquecen a la comunidad; así que mostrar empatía, apoyo incondicional, consideración positiva y congruencia en una relación (jefe-colaborador, maestro-alumno, padre-hijo, esposo-esposa o amigo-amiga), contribuirá al cambio constructivo de personas y organizaciones (Rogers, 2007).

Por otro lado, si se limita el desarrollo y la comunicación cara cara, se construye un marco de referencia de actitudes defensivas donde el Autoconcepto, experiencia y representación, están en desacuerdo interno; entonces, la percepción, carece de empatía y aceptación incondicional; hay inexpresión de lo experimentado; se bloquean los sentimientos y se confunde el Autoconcepto con la experiencia (ser vs. Hacer); la comunicación se torna ambigua y contradictoria con representaciones incorrectas en la conciencia y se provoca un entorno amenazante, haciendo que la defensividad deteriore la relación, afecte la verdadera comunicación y surja la superficialidad y rigidez que distancian al "yo" de la experiencia y lo lanzan al aislamiento, activando la comunicación patológica y hasta perversa, en la búsqueda de autoprotección (Watzlawick, 1986).

El único modo de sanar la comunicación es escuchar empáticamente, con comprensión, autenticidad y aprecio – organísmicamente – para detonar la fuerza de cambio más potente que se conoce: la Realimentación vitalizante que regenera la autoaceptación que incide en el Autoconcepto y lleva a la aceptación de otros. De este modo, la autenticidad expresada, facilita el contacto con la propia experiencia y sentirse comprendido, incrementa el propio aprecio; entonces, la satisfacción sentida, lleva a ser congruente con los demás. Estas condiciones reinstalan el crecimiento y comienza nuevamente la sensación de mayor libertad para expresarse como una Persona real y total (Rogers, 2007).

Para Watzlawick (1986) es imposible no comunicar, aún los silencios comunican. "La comunicación" – dice – "implica un compromiso y define la relación". Propone evitar enjuiciar al otro y facilitarle que contacte sus sentimientos para lograr el acuerdo, sin "asumir". "Porque" – recalca - "cuando se asume, se toma una postura y se genera conflicto". Por lo tanto, hay que centrarse en "cómo" se dicen las cosas y separar el "contenido" de la "relación", hablando de los hechos puntuales para romper la ambigüedad; evitar hablar de personas y centrarse en los hechos. Para ello, se requiere estar en contacto con el self y tener una adecuada percepción.

Para romper la confusión y eliminar las riñas internas, será más fácil establecer nexos de cooperación y colaboración, con una comunicación franca, directa y abierta que permita el diálogo, respeto, estima, consideración positiva, aceptación incondicional, empatía y congruencia que lleve al entendimiento (Arias, 2000; Rogers, 2009),

El entendimiento lleva a la profundidad de las relaciones y provoca una apertura desde el interior hacia la mutualidad del común acuerdo en el consenso. De este modo se asume empáticamente el sentir – personal y del otro, respecto a una situación e integra una decisión conjunta.

Hoy más que nunca, se valora a los jefes que poseen una fuerte competencia comunicacional basada en la empatía, consideración positiva, aceptación incondicional y un liderazgo congruente centrado en la persona que permita escuchar organísmicamente para penetrar en el mundo interno de cada colaborador y apreciarlo como un ser digno y total llegando al corazón de sus sentimientos y descubriendo el verdadero significado de sus palabras (Rogers, *et al*, 2000).

Para Okun (2001), las palabras tienen una fuerza poderosa que radica en su evocación de imágenes, sonidos y sentimientos; por ello pueden, comenzar o terminar relaciones; promover peleas y guerras y al anclar objetos y ligar experiencias, generan distintas percepciones y acepciones que llenan la vida de significados distintos y le añaden variedad.

Este nuevo siglo – previsto por Rogers (1902-1987) desde la década de los ochenta – antes de su muerte – necesita una visión hacia las interrelaciones dentro de una apertura que ciña el camino hacia la eficiencia y eficacia; brinde oportunidades de conocimiento en comunidad; permita aprender en un clima de confianza, unos de otros en organizaciones porosas que gestionen un liderazgo centrado en la persona y propicien una comunicación que se sumerja en los procesos y trascienda hacia redes de colaboración donde todos sean autorresponsables y sumen sus voces (Rogers, 2000).

La comunicación eficaz y efectiva, equilibra la escucha con el habla; la fluidez y buen manejo de una, incide en la calidad de la otra. Ubicar con claridad al interlocutor lleva a una mejor comprensión y entendimiento mutuo del mensaje y es esa realimentación – sin juicios ni evaluaciones – se refleja la dualidad tú-yo y yo-tú y se optimiza la relación en el intercambio de ideas, opiniones, sentimientos, emociones y percepciones, expresados con asertividad en un clima donde la confianza y honestidad imperan y refuerzan la autoestima, integrando un sano Autoconcepto que facilite la autoaceptación y la apertura hacia redes de colaboración y resultados positivos (Rogers, *et al.*, 2000).

Pues una comunicación eficaz, eficiente, oportuna; manejada en situaciones de equidad, donde fluye el respeto y la estima mutuas, basadas en la empatía, aceptación incondicional, consideración positiva y congruencia, facilita el crecimiento bilateral de personas plenas, íntegras y orientadas al bien ser, bien hacer y bien estar, en la búsqueda del bien común que sistémicamente, construirán un mundo mejor, donde las relaciones sanas, productivas, orientadas a la constante autoactualización, estarán fundamentadas en el uso puntual de este Lenguaje que nos ha permitido trascender.

2.5. Autoconcepto, Autoestima y Asertividad

El Autoconcepto favorece el sentido de la propia identidad y constituye un marco de referencia desde el que se interpreta la realidad externa y las propias experiencias que facilitan la madurez personal y la autonomía (Mestre, *et al*, 2001) e influyen en el rendimiento, condicionan las expectativas, la motivación y contribuyen a la salud y al equilibrio psíquico.

La salud y el equilibrio físico que proporciona un buen Autoconcepto permite a la persona eliminar la defensividad, lograr la autoaceptación, tener una apreciación realista, desarrollar su capacidad de planeación y ser objetivamente autocrítica La autoimagen influencia el comportamiento y se relaciona con la personalidad. Las personas que se ven a sí mismas como "malas" o "desviadas", actúan en consecuencia. Aquellos que se perciben de una manera irreal enfocan de esa manera la vida y a los otros.

Por ello, para evaluar y ayudar a la salud integral del individuo, es de suma importancia conocer cómo se perciben a sí mismos (Gómez del Campo, 1975).

Los trabajos de varios autores muestran una relación positiva entre la autoaceptación y la de otros que facilita la autoconfianza, el autocontrol y por ende, conduce a una mayor adaptación e integración que permiten la práctica colaborativa (Wrenn, citado por Lafarga, *et al*, 2006).

En México, Gómez del Campo (1975), correlacionó las variables de empatía, apoyo incondicional, consideración positiva y congruencia demostradas en una relación de ayuda, valorando los cambios en el Autoconcepto con el test de Fitts y los resultados mostraron crecimiento personal, mayor autoestima, adaptación y satisfacción, corroborando los postulados de Rogers (2007; 2008; 2009; 2003; 2001; 2000; 1991; 1964) y dando por sentado que la autodirectividad, permite mayor autoaceptación, cambios en la percepción de la propia conducta y mejora el proceso de comunicación

Sólo el desarrollo de la propia identidad conduce al crecimiento integral de la persona (cognitivo –Autoconcepto; afectivo – autoestima y; conductual –autocomportamiento, a través de la integración de las experiencias personales positivas consigo mismo y con los otros significativos que le rodean (Gómez del Campo, 1975). Hechos que, sumados a la realimentación positiva acerca de actitudes, conductas, logros y fracasos, configura la autovaloración que conducirá al desarrollo pleno de competencias y talentos (Mestre, *et al*, 2001).

El valor asignado al sí mismo, determina el comportamiento; de modo que si se cultiva un Autoconcepto positivo, se promoverá el éxito en la realización de las actividades, con la seguridad de poder lograrlas.

Lo que integra el Autoconcepto son las impresiones, evaluaciones y experiencias que configuran organizadamente las percepciones acerca del sí mismo; esas características y habilidades personales, parcialmente conscientes que se relacionan con los otros y con el medio; y, cuando el self es capaz de reorganizar su propio campo perceptual, ocurre un marcada transformación de la confianza básica (Lafarga, *et al*, 2006).

Esta autoconciencia, permite un funcionamiento pleno que lleva a la persona a avanzar hacia la totalidad, integración y una vida más unificada con una tendencia formativa, amplia y creativa. Una experiencia trascendente de unicidad en un acercamiento sistémico donde la simple presencia, conecta un encuentro cara a cara con el otro que resulta en una liberadora y útil relación trascendente de profundo crecimiento, curación y energía (Rogers, 2007).

La forma como el individuo percibe la realidad, determina su comportamiento; así que, cuando adquiere una visión diferente del mundo, su experiencia le conduce al cambio, a reorganizarse internamente y, las nuevas respuestas conductuales, más adaptadas ahora, actúan en consecuencia en forma automática, por la influencia de la percepción y no de la conciencia. He aquí que al poseer "su propia realidad" se hace necesaria la empatía y aceptación para adentrarse en "su" marco de referencia y ver las cosas desde "su" propio punto de vista para comprenderlo y entenderlo, con un profundo respeto; de este modo, vendrá la apertura que lo orientará a incrementar su Autoconcepto con un sentimiento diferente acerca de la imagen de sí mismo que acepta, porque se siente más congruente y libre; en esta autoaceptación, puede ir hacia los demás para establecer lazos de comunicación con un espíritu de apertura hacia la colaboración y buscar resultados positivos (Lafarga, *et al*, 2006).

Maslow (1993), dice que el respeto, el dar y el amor, sólo pueden promoverse en base al autorrespeto, al sentido humano y al amor a sí mismo. Respecto a esto ya el Nuevo Testamento ha subrayado lo que Jesús enseñaba siempre, la importancia del amor al sí mismo como base fundamental para amar a los demás. Así que sólo a través de la autoestima se alcanza la plenitud y la autorrealización y se logra la plena expresión del sí mismo, siendo productivo y creativo

La autoestima, es el sentimiento valorativo del ser, de la manera particular de comportarse, de quién se es, del conjunto de rasgos corporales, mentales y espirituales que configuran la personalidad. Está directamente relacionada con el Autoconcepto. Ésta se aprende, cambia y se puede mejorar. Es a partir de los 5 a 6 años cuando se empieza a formar la imagen en base a la opinión de adultos significativos sumadas a las experiencias que se van adquiriendo (Satir, 1983; Branden, 2005).

En base a la autoestima, se dan fracasos y éxitos. Una autoestima adecuada vinculada a un autoconcepto positivo, potenciará la capacidad de las personas para desarrollar sus competencias y talentos y aumentará el nivel de seguridad personal. Una autoestima baja, enfocará a la persona hacia la derrota y el fracaso. Sólo quien posee una alta autoestima – la persona que se aprecia y se valora a sí misma – podrá relacionarse con los demás en el mismo plano (Castanyer, 2000)

Por otra parte, las investigaciones han demostrado que la autoconfianza aunada a pensamientos positivos personales hacia el trabajo, redundan en una alta satisfacción laboral (Herzberg, et. al, 1993).

Las experiencias positivas y relaciones plenas, aumentan la autoestima y propician el desarrollo de habilidades, relaciones productivas, aceptación de retos y sobretodo, ser lo que se quiere ser y sentirse satisfecho con ello (Satir, 1983).

Así que la autoestima, define las relaciones con los demás y propicia el crecimiento. El autorrespeto, lleva a manejar sentimientos y emociones, valorando la existencia con orgullo y así, se atienden las necesidades y valores de los demás (Rodríguez, et al, 1988).

Para Branden (2005), la autoestima es la salud de la mente; ser autoaceptante propicia la apertura al cambio. Debe aceptarse el hecho de que los pensamientos indeseables, ocurren para aprender de ellos; las dolorosas emociones, pueden resolverse y crecer más allá de ellas. Actuar inconscientemente, lleva a actuar con conciencia. "La turbulencia de nuestros tiempos, exige un self fortalecido, con un claro sentido de identidad, competencia y valor. Es un momento peligroso en la historia del ser, el no saber quién se es o no confiar en sí mismo".

El manejo de la Asertividad, expresado a través de la Autoestima, proyectará una imagen de fuerza, conciencia y libertad que lleva a una autoexpresión positiva del yo y promueve relaciones humanas sanas y productivas, basadas en el respeto y amor – primero por el sí mismo – lo que lleva a amar y respetar naturalmente al otro, reconociendo también sus derechos (Rodríguez, et al, 1988).

Actuar asertivamente, es tener la habilidad para transmitir y recibir mensajes de sentimientos, creencias u opiniones de manera honesta, oportuna y profundamente respetuosa, a través de una comunicación absolutamente satisfactoria. Los componentes de la asertividad son el respeto, ser directo, honesto, oportuno; tener control emocional; saber decir y escuchar; ser positivo y congruente (Smith, 1987).

La persona asertiva, está bien consigo misma, pide lo que necesita, expresa lo que siente, informa, negocia y "sabe vender". La Asertividad se fundamenta en la percepción y la comunicación (Aguilar, 1992).

La conducta asertiva, promueve la dignidad, respeto, comunicación y escucha. La consideración por los demás, se fundamenta en un profundo autorrespeto y una adecuada autoestima que genera autoconfianza y seguridad. Una persona asertiva, es absolutamente congruente, capaz de tener empatía, dar apoyo y ser aceptante – porque aunque inflexible, de ser necesario –; es capaz de convencer en sus relaciones interpersonales y consigue ser respetada al hacer valer sus derechos, con seguridad. Todo esto, promueve relaciones sanas y productivas (Rodriguez, *et.al,* 1998).

Aprender a decir lo que se siente, piensa y desea, abiertamente y con respeto, exige compromiso, valor y apertura para adentrarse en la realidad del sí mismo, reafirmarse y demostrar con hechos y voluntad que se hará frente a la oportunidad de ser mejor para enriquecer la propia vida y la de los demás, mejorando la comunicación y favoreciendo relaciones interpersonales sanas y productivas. La Asertividad en el trabajo, lleva a enfrentar situaciones con autocontrol y responder a los diferentes estímulos con mayor libertad; enfocar el desempeño a resultados positivos; mantener los talentos activos al máximo; desencadenar competencias; controlar reacciones emocionales inadecuadas; realizar el trabajo de manera óptima; sumar objetivos en redes de colaboración y saber negociar en consenso. Ser asertivo permite automotivación, autorrespeto, autoestima y desarrolla un gran espíritu de equipo; permite fijar metas alcanzables y estar abierto al cambio, crecer y autoactualizarse permanentemente (Smith, 1987).

Así que, el Autoconcepto, la Asertividad y la Autoestima van de la mano para promover el crecimiento y permiten que cada persona, consciente de quién es y quién quiere ser, pueda lograr sentirse satisfecha en su vida personal y de trabajo, siendo un reflejo de las propias elecciones y decisión de vida.

2.6. El Conocimiento y la Eficacia Organizacional

Las organizaciones preparadas para combinar eficientemente sus recursos, son capaces de crear valor y aprovechar su capital humano para generar conocimiento y lograr ventaja competitiva a largo plazo, permaneciendo a la vanguardia. El conocimiento es considerado como un recurso estratégico clave para el éxito (Bhatt, 2001; Argote, *et. al.*, 2000; Argote, *et. al.*, 2000) que depende de la capacidad de las personas para crear, transferir, utilizar y proteger activos que no puedan ser reemplazados por productos sustitutos que arriesguen su competitividad y posicionamiento (Teece, 2000; Nonaka, *et. al.*, 1999; Porter, 1996).

Crear conocimiento es la base para generar ventaja competitiva sostenible, pero su gestión efectiva, es la que influye directamente en la productividad, eficiencia y eficacia organizacionales (Bou-Llusar, *et. al.*, 2006; Argote, *et. al.*, 2000; Goh, 2002).

Un gran porcentaje del valor del mercado de la organización es atribuible a su capital humano y por ello el talento intelectual especializado requiere contar con atractivos programas de retención que aseguren su permanencia para el fortalecimiento del capital intelectual (Luthans, 2008).

Por ello, un elemento esencial, es crear un clima propicio que facilite la gestión del conocimiento y que éste permee a toda la organización, logrando que se traduzca de tácito a explícito a través de la socialización. El conocimiento tácito se puede transmitir independientemente del lenguaje como lo es la observación, imitación y práctica. El explícito, requiere de la exteriorización a través de metáforas, analogías, conceptos, hipótesis o modelos. Como Nonaka y Takeuchi (1999) lo plantean, el conocimiento sólo se da a través de la interacción entre personas así que la comunicación y el sano Autoconcepto son elementos indispensables para lograr la práctica colaborativa y los resultados. Las comunidades facilitan la gestión del conocimiento por la interacción y el clima de confianza que en ellas se genera.

Pues como expresa Drucker (1999) el crecimiento y liderazgo en la Nueva Economía no está en la electrónica o las computadoras sino en las olas de capacidades cognitivas de los trabajadores del conocimiento y la productividad que viene implícita, ellos son la adquisición más importante del siglo XXI.

Porque el conocimiento es sobre PERSONAS y cómo son gestionadas para que colaboren y compartan experiencias, confianza y mejores prácticas. La tarea es crear el ambiente y contar con un liderazgo que comparta y sea capaz de generar conocimiento y así, las organizaciones podrán ser efectivas. Crear dicho clima involucra un cambio cultural, reacomodar los procesos para permitir su creación y transferencia; siempre en relación con otros, en comunidades, como las sociedades antiguas que tuvieron tiempo de desarrollar, desde entendimiento hasta sabiduría (Kermally, 2008; Hock, 2001).

Por ello, la nueva organización debe estar regida por la autodisciplina; cada individuo generando valor, negociando relaciones con libertad, contando con toda la información necesaria y generando ideas innovadoras con un Liderazgo que desarrolla la disposición de correr riesgos, confianza y competencias en un ambiente que signifique reto para las personas, amplíe sus aspiraciones de manera realista y las enfrente a la realidad interpersonal con responsabilidad y amplia capacidad para comunicarse con efectividad (Argyris, 2001).

Muchas veces el no saber comunicarse los unos con los otros, impide que la información útil permee hacia grupos de trabajo, áreas, departamentos y funciones. Sentir desinterés de los otros en las propias realizaciones lleva al aislamiento, competitividad y desconfianza y se promueven actitudes negativas como el menosprecio, incomprensión y sentirse ofendido. La ausencia de fuertes comunidades de aprendizaje; desconfianza sobre sí las nuevas ideas serán aceptadas o escasez de curiosidad actúan como barreras para la difusión del conocimiento por ello las Comunidades, resultan ser los mecanismos naturales internos para extender las ideas en los ambientes de trabajo (Senge, 2000).

"En realidad – manifiestan Nonaka y Takeuchi (1999) – el aprendizaje más importante proviene de la experiencia directa. Un niño aprende a comer, caminar y hablar, por ensayo y error, aprende con el cuerpo, no sólo con la mente".

Por ello Rogers (2007; 2008; 2009; 2003; 1991; 2000; 2001), habla de la importancia de facilitar la Empatía, Apoyo Incondicional, Consideración Positiva y Congruencia para el crecimiento y desarrollo que propicia la comunicación, práctica colaborativa y resultados en un clima de aceptación, aprecio y reconocimiento que lleva a interactuar con otros en los mismos términos y es entonces cuando se finca el sentido de comunidad.

2.7. Indagación Apreciativa

Cooperrider es el creador de la Indagación Apreciativa (IA) y ha realizado varias investigaciones. La IA se enfoca en el principio de que una misma experiencia puede ser percibida y vivida con una vasta gama de matices diferentes y aunque emanen de un mismo equipo de trabajo, resulta imposible que sus pensamientos o métodos sean homogéneos. Así que preguntándole a cada persona acerca de sus recuerdos positivos de su grupo de referencia, se puede visualizar y construir la historia de una cultura organizacional. Si un equipo sólo se limita a acatar reglas, supuestos culturales y objetivos de los que no se siente parte activa de inmediato, surgen problemas de comunicación, desintegración y falta de consenso (Cooperrider, *et.al*, 2000).

Es así que, construyendo historias de éxito en el trabajo a través del enfoque de investigación-acción, Cooperrider, Barret y Srivasta, pudieron demostrar las diferencias de la información lograda a través de su técnica. Permitir que toda la organización se involucre, facilita enormemente su deseo de compartir con otros sus experiencias construyendo desde lo positivo y siempre mirando a cómo llegar al futuro desde una perspectiva más clara que permite ligar la indagación al cambio sistémico donde el discurso precedió a innovar estructuras, sistemas, políticas e incluso, incrementó el estado de conciencia Barret, *et.al*, 2002).

Cooperrider y Barret conciben a las organizaciones como centros de interrelaciones vivas con capacidades infinitas más allá de lo conocido en términos de posibilidades relacionales creativas. "La Indagación Apreciativa" – apuntan los autores – "es el arte y práctica de hacer peguntas y fortalecer la capacidad sistémica de aprehender, anticipar y elevar el potencial positivo, al ligar pasado y presente con el futuro de posibilidades. Los sistemas humanos crecen en la dirección de sus cuestionamientos persistentes, correlacionando significados y logros" (Barret, *et.al*, 2002).

2.8. Comunidades de Diálogo Apreciativo Centrado en la Persona

Los trabajos en grupo permiten a sus miembros hacer conciencia de la impresión que causan en los demás y generan competencias para el manejo de situaciones interpersonales de una manera más satisfactoria y constructiva a través de una comunicación sana y de trabajo colaborativo que abren puertas a nuevas conductas productivas, formas de aprendizaje y desarrollan potencial creativo, flexibilidad, orientación al cambio, autocontrol, autoconciencia y sana autocrítica (Gómez del Campo, 1975).

Las Comunidades de Práctica (*Communities of Practice*) están siendo utilizadas actualmente como una herramienta de mejora del desempeño. Se forman por personas comprometidas en algún tipo de aprendizaje que comparten e intercambian sus conocimientos, recursos, experiencias, anécdotas, herramientas, procesos o formas de resolver situaciones en frecuente interacción y desarrollan lazos, en coordinación y sinergia que desencadenan competencias, fortalecen talentos, crean redes y trabajo multidisciplinario de aplicación práctica (Wenger, 2002).

Los individuos como seres sociales, necesitan de la comunidad para compartir aspectos que les atañen. En las organizaciones, se tienen diversidad de cosas por compartir dentro de la multifuncionalidad y pueden existir diversas Comunidades de Diálogo y Conocimiento que compartan estructura, operación y metas, orientadas a fines específicos como en el caso de los "círculos de calidad" en el Japón durante la década de los ochentas.

El término *Communities of Practice* fue acuñado por Jean Lave y Etienne Wenger en 1991 mientras participaban en modelos de aprendizaje y enseñanza situada; definidas como grupos de personas que interactúan con regularidad e intercambian pericia (expertise), competencias, aprendizaje, actividades, debates, información, herramientas, historia, experiencias y fundan el conocimiento a través de crearlo, organizarlo, revisarlo y contagiarlo. Poseen tres características primordiales: a) Compromiso mutuo, b) Empuje conjunto y; c) Repertorio compartido (Seaman, 2008).

Se expresa como Comunidades de Diálogo y Conocimiento porque también Rogers (2007) formó grupos similares en México, Brasil,

Venezuela, Japón, Inglaterra, España y Estados Unidos, basadas en su Enfoque Centrado en la Persona, para mejorar el proceso de comunicación interpersonal abierta, fortalecer el sentido de unidad respetuosa y desarrollar el poder personal de sus miembros. En ellas cada participante tenía la oportunidad de ser libre de elegir, participar en igualdad de condiciones para planificar y ejecutar actividades; ser más consciente de su fuerza personal, adquirir mayor autonomía y ser el arquitecto creativo de su propia vida; a cada participante se le consideraba digno de confianza y capaz de manejar e interactuar con los problemas planteados. Las mayores tensiones y exigencias tienen una mayor probabilidad de ser solucionadas en un clima humano de comprensión, respeto mutuo y enriquecimiento personal.

En las *Communities of Practice* de Wenger (2002), así como sucede en los Grupos de Encuentro de Rogers (2008), las personas empiezan a abrirse al cambio, siendo más flexibles y adaptadas, están dispuestas a "aprender a aprender" y por lo tanto serán capaces de continuar haciéndolo a lo largo de su vida; por ello se piensa que el término debería ser Comunidades de Diálogo y Conocimiento porque en el ámbito de la interacción constante, se genera capital intelectual capaz de ser compartido y aprovechado por la organización y sus integrantes aportan conocimiento tácito valioso al compenetrarse plenamente y con mayor intensidad que en el diario convivir en el trabajo.

Rogers (2008) advirtió que los grupos generan cambios importantes en las actitudes y la conducta y logran fuerza suficiente para abrirse un camino por sí solos. Es increíble que tres décadas atrás se dudaba de su eficacia y sin embargo, han sido exitosos en medios como: industrias, universidades, iglesias y gobierno. Se han extendido por Estados Unidos, Inglaterra, Francia, Holanda, Australia y Japón, con gran éxito en el ámbito de las organizaciones, generando competencias intra e interpersonales. A menudo, las experiencias de cambio son profundas y sgnificativas, debido a la relación de confianza y estima que permite a sus miembros, conocerse, comprenderse y establecer un vínculo productivo que pueden transferir después a sus áreas de trabajo, mejorando la comunicación, práctica colaborativa y los resultados.

En las Comunidades, se crea un clima de apertura, toma de riesgos y honestidad que genera confianza y permite romper las corazas defensivas; se van adoptando conductas más constructivas y creativas; se da una comunicación franca que dispone a la práctica colaborativa y se buscan resultados positivos comunicando las mejores prácticas para ser aprendidas, asimiladas e integradas en las diferentes áreas de incursión de sus integrantes, personal, familiar, de trabajo y de su entorno en general (Rogers, 2001).

CAPÍTULO 3

MARCO METODOLÓGICO

3.1. Introducción

La orientación que ha venido llamándose "Enfoque Centrado en la Persona", cuyo autor y promotor es Carl R. Rogers (1902-1989), tiene un valor que reside en el hecho de haber captado un principio básico de la naturaleza íntima de todo ser vivo: la necesidad que tiene de un ambiente, atmósfera, clima o entorno propicio y adecuado, basados en características de autenticidad o Congruencia, Aceptación Incondicional, Consideración Positiva y Empatía, activan su "tendencia actualizante", es decir, despliegan su máxima potencialidad de desarrollo y creatividad, llegando a niveles de excelencia difíciles de imaginar en esta evolución perenne de la vida, en general, y, de los seres humanos, en particular.

La amplitud y complejidad del Desarrollo Humano como una profesión de ayuda orientada a facilitar el autoconocimiento, autonomía, autorresponsabilidad y crecimiento constante y permante, en la búsqueda del bien ser, bien estar y bien hacer orientados al bien común, tiene un amplio marco de aplicaciones: psicoterapia (en cuyo seno nació), familia, educación, organizaciones de todo tipo: administrativo, social, político y, en general, a toda relación interpersonal. También ha influenciado a varias disciplinas relacionadas como lo son las ciencias sociales, medicina, psicología organizacional, economía, ecología, filosofía de la ciencia, teología, ética, deporte y arte – entre otras – que han permitido valiosas aportaciones.

El Desarrollo Humano se fundamenta en una visión sistémica holística integrada que permite ver a la persona como un todo y exige basarse en la postura fenomenológica hermenéutica y exige el diálogo como condición indispensable para una visión más plena de las realidades que hacen comprensible el proceso de adquirir conocimiento y hacer ciencia.

Como lo propone Husserl, este método se basa en percibir la realidad a través de la experiencia del otro, lo que vive y siente; reduciendo al mínimo las propias teorías e hipótesis, intereses o sentimientos para aceptar "lo que nos es dado" por el otro - lo que aparece, lo que se presenta – el fenómeno.

Las investigaciones que asumen cambio de actitudes, exigen ser estudiadas mediante la fenomenología y la hermenéutica que permiten indagar una realidad cuya esencia depende del modo en que es vivida y percibida por el sujeto, una realidad interna, personal, única y propia.

Nuestro tiempo ha ido generando poco a poco una nueva sensibilidad y universalidad del discurso y racionalidad que integra las dimensiones empíricas, interpretativas y críticas de una orientación teorética que se dirige hacia una actividad más práctica que integra el pensamiento calculante y el reflexivo del que habla Heidegger, un proceso dialógico que integre ambos hemisferios.

El siglo XX, dio inicio a una transformación radical del concepto de conocimiento y del concepto de ciencia proponiendo un nuevo paradigma epistemológico. El modelo científico positivista comenzó a ser severamente cuestionado severamente a fines del siglo XIX por los psicólogos de la Gestalt; a principios del siglo XX por los físicos, más tarde por los lingüistas y finalmente, por los biólogos y los filósofos de la ciencia; manifestando su insatisfacción con la racionalidad lineal, unidireccional y lógico-formal-matemático, con otra metodología que diera cabida a la auténtica y más empírica realidad del mundo en que vivimos e interactuamos. El ser humano no puede ser detenido en el tiempo y espacio para administrarle variables totalmente controladas ya que está en constante movimiento (Martínez, 2008).

De 1960 a 1990 aparecen numerosas publicaciones sobre métodos cualitativos y en 1988 se edita *The International Journal for Qualitative Studies in Education* (Buendía, *et. al,* 1988). Janesick (1994) (citado por Rodríguez, *et. al*, 1999) plantea que los rasgos peculiares del Diseño Cualitativo son:

a) Es holístico. Se mira con visión amplia y se comienza con una búsqueda de comprensión de lo complejo.
b) Se centra en las relaciones dentro de un sistema o cultura.

c) Hace referencia a lo personal, cara a cara, en lo inmediato.
d) Se interesa por la comprensión de un escenario social concreto, no necesariamente en hacer predicciones sobre el mismo.
e) Exige que el investigador permanezca en el lugar de estudio por largo tiempo.
f) Exige tiempo para el análisis y para la estancia en el campo.
g) Supone que el investigador desarrolle un modelo de lo que ocurre en el escenario.
h) Requiere que el investigador se constituya en el instrumento de investigación y tenga la habilidad suficiente para observar y agudizar su capacidad en este ámbito y en la entrevista cara a cara.
i) Incorpora el conocimiento informado y la responsabilidad ética.
j) Describe las posibles desviaciones propias del investigador y sus preferencias ideológicas.
k) Requiere del análisis conjunto de datos.

3.2. Diseño Metodológico

La investigación es Mixta; con diseño cuasiexperimental y muestreo por conveniencia donde la variable independiente es el Diálogo Apreciativo Centrado en la Persona conformado por la Empatía, Apoyo Incondicional, Consideración Positiva y Congruencia y la Variable Dependiente, el Autoconcepto con su consecuencia en la comunicación, práctica colaborativa y resultados. Los indicadores se evalúan mediante el Cuestionario de Medición del Enfoque Centrado en la Persona (de creación Propia) validado mediante el Alpha de Cronbach obteniendo un nivel 0.913 en su pilotaje (ver Anexo 1) en una muestra similar, censal y en la aplicación en esta investigación, se replicó el análisis y se obtuvo un Alpha de Cronbach de 0.967 (ver anexo 31). En cuanto a la medición del Autoconcepto se elige el Test de Fitts traducido al español por J. Rosado en 1992. Los datos cuantitativos se evalúan mediante la prueba t en razón del comparativo de medias en un diseño pre-post con niveles de significancia de .05 y tomando .10 como un indicativo de movimiento.

La prueba t se es una medida de evaluación de diferencia significativa de medias entre dos grupos. Con ella se prueba la Hipótesis de Investigación *Hi: Hay diferencia entre las medias de ambos grupos* y la Hipótesis Nula: *H0: No hay diferencia entre las medias de los grupos.* La comparación se realiza entre cada par de variables para determinar el nivel de significancia.

También se usan datos porcentuales fundamentados en la estadística descriptiva para hacer inferencias ya que la persona no se puede sujetar a una experimentación pura ni evitar otros factores de influencia, se cuenta con su experiencia organísmica fenomenológica y su interpretación en base a la hermenéutica como lo ha aplicado el desarrollo humano.

Para la parte Cualitativa se usa el diseño de Investigación-Acción con grupo de discusión a través de Comunidades de Diálogo con la técnica *Communities of Practice* de Wenger a fin de facilitar el uso del diálogo apreciativo centrado en la persona en conversaciones cara a cara jefe-colaborador e inducir el cambio esperado en el autoconcepto que permita mejorar la comunicación, práctica colaborativa y resultados, en sus áreas de trabajo. Como expresa Barbour (2007) (citado por Hernández, *et. al.* 2010) el grupo de discusión tiene amplio potencial descriptivo y comparativo; sus resultados y proceso se comparan con los grupos de encuentro (Rogers, 2004) o crecimiento, ya que se trabaja con conceptos, emociones, creencias, categorías, sucesos o los temas que interesan en el planteamiento de la investigación y sus integrantes que son la unidad de análisis, están en continua interacción construyendo significados entre sí. El facilitador debe ser alguien cercano a los participantes, experto en el manejo de grupos y emociones, obtener significados en el propio lenguaje de los sujetos y alcanzar un alto nivel de profundización.

Dentro de la Investigación Cualitativa, el método fenomenológico hermenéutico caracteriza un estilo de filosofía en base a descripciones de vivencias, haciendo énfasis en las personas y su experiencia subjetiva. Se profundiza en el problema de la representación del mundo y expresa la presencia de la persona en el contexto establecido con un lenguaje descriptivo que descubre – a través de la intuición reflexiva – formas verdaderas y genuinas a través de la propia experiencia de la persona y su fenómeno tal como ella lo interpreta. Se revela a través de la interacción entre personas y mediante el uso del diálogo, en tanto participan como protagonistas de la realidad social en una comunicación activa que provoca el cambio. La técnica de grupo de discusión trabaja con el habla creando una situación discursiva que permite reconocer el sentir interno de las personas en su contexto, se relaciona con procesos, expresiones, manifestaciones y reconstruye el sentido humano en la situación grupal basada en el diálogo. La investigación-acción presenta una perspectiva amplia de prácticas humanas con un interés de transformación individual que promueve el desarrollo social; permite acumular conocimientos a nivel de desarrollo profesional práctico y conectar la creación de comunidades centradas en la dimensión personal poniendo énfasis en el enriquecimiento, autoconocimiento y realización a través de las prácticas personales, profesionales y sociales; cambia y mejora las prácticas existentes y plantea mejoras de manera participativa en grupos; se desarrola en el proceso de: Planificación, Acción, Observación y Reflexión (ver Fig. 2) y; se convierte en un proceso sistemático de aprendizaje en comunidad (Rodríguez, *et. al*, 1999).

El enfoque cuantitativo es secuencial, probatorio, objetivo, replicable y ocurre en la realidad externa que es susceptible de conocerse, documentarse y difundirse. Su base es el positivismo (neo y post) y generalmente plantea relaciones entre variables. Aquí los planteamientos a investigar son específicos y delimitados desde el inicio del estudio. Las hipótesis se establecen antes de recolectar y analizar los datos que se manejan a través de procedimientos estadísticos. En los diseños cuasiexperimentales los sujetos no se asignan al azar, los grupos ya están formados antes del experimento; ofrecen un grado de validez suficiente (Hernández, *et. al.*, 2010; Buendía, *et. al*, 1988).

3.3. Hipótesis de Trabajo

Hi1   El diálogo apreciativo centrado en la persona en conversaciones cara a cara facilitado por el jefe, incrementa la percepción de empatìa, apoyo incondicional, consideración positiva y congruencia en los colaboradores.

Hi2 El diálogo apreciativo centrado en la persona en conversaciones cara a cara facilitado por el jefe, incide en el Autoconcepto del colaborador y mejora la comunicación, práctica colaborativa y resultados.

Ho1 El diálogo apreciativo centrado en la persona en conversaciones cara a cara facilitado por el jefe, no incrementa la percepción de empatìa, apoyo incondicional, consideración positiva y congruencia en los colaboradores.

Ho2 El diálogo apreciativo centrado en la persona en conversaciones cara a cara facilitado por el jefe, no incide en el Autoconcepto del colaborador y no mejora la comunicación, práctica colaborativa, ni resultados.

3.4. Variables de Investigación

Variable Independiente: Diálogo Apreciativo Centrado en la Persona (Empatía, Apoyo Incondicional, Consideración Positiva y Congruencia).

Variable Dependiente:
- Autoconcepto (Autoconcepto, Autoestima, Autocomportamiento en sus dimensiones Físico, Moral-Ético, Personal, Social y Familiar) y Autocrítica

- Percepción del Enfoque Centrado en la Persona

Estas Variables se explican de manera precisa en la Tabla No. 2 a continuación.

VARIABLES	DEFINICIÓN	MEDICIÓN
DIÁLOGO APRECIATIVO CENTRADO EN LA PERSONA	Comunicación Cara a Cara Jefe-Colaborador que refuerza y confirma el potencial del otro generando autoaceptación que facilita el aceptar a otros y mejora la comunicación al disponer al trabajo colaborativo y se logran resultados positivos.	Técnica de Indagación Apreciativa de Cooperrider a través de la cual se conoció el proceso de cambio de los Jefes que incidió en los colaboradores y su mejora en el área de trabajo.
EMPATÍA	Ponerse en los "zapatos del otro", ver las cosas desde su punto de vista, tomar en cuenta sus pensamientos, sentimientos y emociones, comprender sus acciones y disposición a hacer acuerdos mutuos.	Cuestionario de Medición del Enfoque Centrado en la Persona Escala de Likert/ EMPATÍA (1,2,3,4)
CONSIDERACIÓN POSITIVA	Mostrar un interés real por el otro, genera sentimientos adecuados, propicia apertura para el conocimiento real, promueve confianza y afecto, favorece un adecuado clima laboral.	Cuestionario de Medición del Enfoque Centrado en la Persona CONSIDERACIÓN POSITIVA (9,10,11,12)
ACEPTACIÓN INCONDICIONAL	Aprender a apreciar y valorar al otro, genera un clima libre de prejuicios, promueve la cooperación y el compromiso, facilita el acuerdo de cumplir con las expectativas y rompe barreras.	Cuestionario de Medición del Enfoque Centrado en la Persona Escala de Likert/ ACEPTACIÓN INCONDICIONAL (5,6,7,8)
CONGRUENCIA	Actitud que promueve la integración y unificación, desarrolla la facultad creadora, estimula el compromiso y responsabilidad, genera relaciones adecuadas, fomenta la autoestima y respeto, facilita mostrarse como se es, favorece la comunicación abierta, espontánea, clara y franca.	Cuestionario de Medición del Enfoque Centrado en la Persona Escala de Likert/ CONGRUENCIA (13,14,15,16)
AUTOCONCEPTO	Estado del individuo que le lleva a tener una imagen personal, ética-moral, familiar y social que condiciona su Autoestima – en las mismas áreas - y le permite sentirse competente y ser capaz de comunicarse en forma eficaz y eficiente, colaborar con otros y manifestar una actitud productiva.	TEST DE FITTS- Escala de Likert. Mide AUTOCONCEPTO y AUTOESTIMA en los niveles Personal, Ético-Moral, Familiar y Social más una Escala de Veracidad denominada Autocrítica (Fitts, 1965).

Tabla No. 2. Definición Operativa de las Variables del Estudio

3.5. Sujetos de Estudio

Unidad de Análisis.- 18 Coordinadores Académicos de nivel Gerencia Media y 38 Colaboradores directos, de nivel Técnico Especializado del sector educativo ubicados en una Universidad privada de la ciudad de Puebla.

Tamaño y Tipo de Muestra.- Se utilizó muestreo no probabilístico a conveniencia (Hernández, *et. al*, 2010) con el 44.7% de la población de Coordinadores académicos (18 de 38) y 79.2% (38 de 48) de sus Colaboradores directos de Tiempo Completo.

La población total de Coordinadores al momento del inicio del Estudio era de 38 y los colaboradores directos de tiempo completo 100.

Cabe mencionar que en cuanto a nivel académico tanto los jefes como los colaboradores cuentan con nivel de Maestría y se dedican de tiempo completo a sus actividades dentro de la Institución.

3.6 Marco Contextual

La Institución de Educación Superior Privada en donde se llevó a cabo la Investigación está ubicada en la ciudad de Puebla y conformada por un Rector, Vicerrectores, Directores Académicos y Administrativos, Coordinadores Académicos; Jefes de Departamento Administrativos, Técnicos, Auxiliares, Asistentes y; Maestros de Tiempo Completo, Medio Tiempo y Hora Clase; regidos mediante órganos colegiados de decisión participativa para la conducción y toma de decisiones.

Cabe mencionar que se trata de una Organización sólida con casi 40 años al servicio de la Educación Superior y cuenta con el 95% de sus Programas de Licenciatura certificados ante importantes organismos del sector. También posee una amplia oferta en Maestrías y Doctorados, muchos de los cuales forman parte del Programa Nacional de Posgrados de Calidad y cuentan con becas CONACYT por lo que la enseñanza, aprendizaje, evaluación e investigación, es una de sus fortalezas.

Esta Institución se ha esforzado por tener una presencia local, regional, nacional e internacional. Actualmente tiene alianzas con innumerables Universidades alrededor del mundo y ofrece programas internacionales.

Es una organización que genera aprendizaje interno y externo. Su gestión interna es en base a competencias y talentos así que su personal administrativo y académico, de tiempo completo, medio tiempo y hora clase, cuenta con magníficas oportunidades de crecimiento personal y profesional en un ambiente de indagación, diálogo, involucramiento y participación.

Su sistema está a la vanguardia, cuenta con una amplia red tecnológica, un sitio propio en internet a través del cual mantiene informada a la comunidad y también es una plataforma de acceso de las más visitadas en la ciudad; desde ella los alumnos se enlazan a un sistema de enseñanza interactiva que les permite ser parte activa de su aprendizaje y la comunidad en general, puede utilizarla como fuente de conocimiento.

Su planta académica y administrativa, es una de las mejores en la ciudad de Puebla y el promedio en la Evaluación Docente está en 9.1. Del personal, 156 cuentan con nivel de doctorado; 636 con maestría y 20 pertenecen al SistemaNacional de Investigadores SNI que son muestra del apoyo que esta Institución provee para el crecimiento y la actualización permanentes.

En la Institución existen 122 Academias y 29 consejos académicos que trabajan de forma participativa en redes de colaboración multidisciplinarias, tomando acciones sobre aspectos de docencia, investigación, vinculación y gestión.

Además de su personal, se preocupa por desencadenar competencias y reforzar talentos en los estudiantes a quienes desde el inicio de su carrera se les acompaña en la realización de un Plan de Vida y Carrera para su inserción profesional integral multihabilidades.

Mantiene vinculación activa con los sectores educativo, social, gubernamental y empresarial y promueve la responsabilidad social, ambiental y familiar.

Gracias a su orientación humana, su interés en el diálogo y en la formación integral de la persona, fue posible recibir apoyo para la realización de esta investigación

3.7. Instrumentos de Medición

A los colaboradores se les aplicaron:

a) El Test de Autoconcepto *Tennessee Self Contcept Scale* creado por William Fitts en 1955 en la forma traducida al español por el Dr. Jorge Rosado en 1992.
b) El Cuestionario de Medición del Enfoque Centrado en la Persona en escala de Likert de Creción Propia.

Ambos con diseño Preprueba y Posprueba con aplicación previa y posterior al estímulo que ofrece una ventaja porque existe una referencia inicial de cómo se encontraba el grupo en cuanto a la variable dependiente y no existe grupo de control (Hernández *et.al*, 2010). El efecto del tratamiento se comprueba cuando se comparan los resultados del postest contra los del pretest. Es útil cuando se trata de medición de actitudes y en análisis estadístico más aporopiado es la t de Student (Buendía, *et.al*, 1998).

Las especificaciones de ambos test utilizados con los colaboradores, el Test de Autoconcepto de Fitts y el Cuestionario de Medición del Enfoque Centrado en la Persona de creación propia, se detallan a continuación en los puntos 3.7.1; 3.7.1.1. y 3.7.1.2., respectivamente.

La intervención realizada con los jefes se explica detalladamente en los puntos 3.7.2. y 3.7.2.1.

3.7.1. Para los Colaboradores

Para trabajar con los Colaboradores se utilizaron el Test de Autoconcepto de Fitts y el Cuestionario de Medición del Enfoque Centrado en la Persona de creación propia.

3.7.1.1. Test de Autoncepto de Fitts

El Test de Fitts (Anexo 3) se obtuvo de la traducción al español del Dr. Jorge Rosado en 1992, se capturó en su totalidad en Excel ubicando los ítems en forma continua del 1 al 100 y se contestó en Escala de Likert donde: 5 fué Totalmente Verdadero; 4 Casi Totalmente

Verdadero; 3 Parte Falso y Parte Verdadero; 2 Casi Totalmente Falso y; 1 Totalmente Falso. Se utilizó para valorar el nivel de Autoconcepto, Autoestima y Autocomportamiento en sus 5 dimensiones: Físico, Moral-Ético, Personal, Familiar y Social; así como la Autocrítica. Para los puntajes se utilizó la Tabla de Asignación de puntajes de Fitts encontrada en un Manual del Área Afectivo-Emocional utilizada por la Secretaría de Salud de la República de Nicaragua mostrada en la Tabla No. 3 en esta página.

	FISICO	MORAL-ETICA	PERSONAL	FAMILIAR	SOCIAL
AUTOCONCEPTO	+1, +2, -3 +18, -19, -20	+4, +5, -6 +21, -22, -23	+7, +8, -9 +24, -25, -26	+10, +11, -12 +27, -28, -29	+13, +14, -15 +30, -31, -32
AUTOESTIMA	+35, +36, -37 +52, -53, -54	+38, -39, -40 -55, +56, -57	+41, +42, -43 +58, -59, -60	+44, +45, -46 +61, -62, -63	+47, +48, -49 +64, -65, -66
AUTOCOMPORT.	+69, +70, -71 +85, -86, +87	+72, -73, -74 +88, -89, -90	+75, +76, -77 +91, -92, -93	+78, +79, -80 +94, -95, -96	+81, +82, -83 +97, -98, -99

Tabla No. 3. Asignación de valores para obtener el Puntaje del Test de Fitts como puede observarse los ítems positivos, se toman de acuerdo al valor correspondiente en la Escala de Likert 5 a 1 y los negativos, se toman de forma reversible del 5 al 1

Por 40 años el Test de Fitts se ha utilizado ampliamente como instrumento de valoración del Autoconcepto y en varias poblaciones, se ha utilizado como referencia para examinar referencias semánticas (Walsh, et.al, 1989; citado por Alfaro, et.al, 2002); a diferencia de otros tests, éste se diseñó para medir factores a priori tomando en cuenta la multidimensionalidad del yo (Marsh, et.al, 1988; citado por Alfaro, et.al, 2002); en Puerto Rico, Nueva York, Venezuela y Estados Unidos, se han realizado varias investigaciones que están listadas en la Tabla No. 4 a continuación y que utilizaron Alfaro (et.al, 2002) para su investigación.

Aplicación Cronológica de la Escala de
Autoconcepto de Fitts en Investigaciones

Año	Investigador	Sujetos de Estudio	Objetivo de Medición	Procedencia
1977	González, Y.	48 Preadolescentes de 12 a 14 años	Autoconcepto en relación al Divorcio	Tesis de Maestría U. de Puerto Rico
1980	Roselló, J.	302 Jóvenes Portorriqueños: 123 en Nueva York y 179 en Puerto Rico	Autoconcepto en relación a la ubicación geográfica y género	Tesis Doctoral U. de Nueva York
1982	Colón, N.	280 Estudiantes Universitarios 140 portorriqueños y 140 estadunidenses	Autoconcepto en relación a la Ansiedad en base a Cultura, Género y Nivel socioeconómico	Tesis Doctoral Oklahoma State University
1984	Olivera, V.	64 Atletas Universitarias	Autoconcepto en relación a las Actitudes y el Rol Sexual	Tesis de Maestría U. de Puerto Rico
	Piñeiro, C.	50 Mujeres	Autoconcepto y Esterilización	Tesis Doctoral Centro Caribeño de Estudios de Posgraduados
1985	Cuevas, T.	35 Hombres Homosexuales	Autoconcepto en relación al SIDA	Tesis Doctoral Centro Caribeño de Estudios de Posgraduados
	Llorente, B.	35 Pacientes con defectos Máxilofaciales	Yo-Físico	Tesis Doctoral Centro Caribeño de Estudios de Posgraduados
1986	Guadalupe, M.	156 Estudiantes Universitarios(as)	Autoafirmación, Autoconcepto y Sexo	Tesis de Maestría U. de Puerto Rico
1987	López, M.	34 Pacientes con Insuficiencia Renal	Autoconcepto y Austoestima en relación a la Diálisis	Tesis Doctoral Centro Caribeño de Estudios de Posgraduados
	Dávila, M. y Delgado, J.	69 Mujeres	Autoconcepto en relación a la Mastectomía	Tesis de Maestría U. de Puerto Rico
	Altieri, G.	47 Mujeres Adolescentes Institucionalizadas	Autoconcepto en relación al Yo Sexual y el Maltrato Físico	Tesis Doctoral Centro Caribeño de Estudios de Posgraduados
1992	Rosado, J.	334 Estudiantes Universitarios(as) del 1er. Año	Validación de la Escala de Autoconcepto EACT-R	Tesis Doctoral Centro Caribeño de Estudios de Posgraduados
1995	Ruiz, M.	338 Estudiantes Universitarios(as)	Autoconcepto, Rendimiento Académico y Sexo	Tesis Doctoral Centro Caribeño de Estudios de Posgraduados
1996	García, V.	40 Hombres divorciados	Autoconcepto en relación a la Religión	Tesis de Maestría U. Interamericana de Puerto Rico

Tabla No. 4. Aquí se muestran las diferentes Investigaciones que se han realizado con el Test de Autoconcepto de Fitts (Alfaro, *et.al.*, 2002)

W.H. Fitts (1965) diseñó su Escala Tennessee de Autoconcepto con 15 dimensiones organizadas en 3 filas y 5 columnas. Las dimensiones de las Filas son: Autoconcepto o Identidad; Autoestima o Satisfacción y Autocomportamiento. Las de las Columnas: Sí mismo Físico; Sí mismo Moral-Ético; Sí mismo Personal; Sí Mismo Familiar y Sí Mismo Social. Estas dimensiones se muestran explicadas a detalle en las Tablas 6 y 7 ubicadas en la página 74 y 75. La valoración puede realizarse con un mismo índice o con las diversas interacciones entre filas y columnas. Otra de las traducciones y adaptaciones al castellano fue Garanto (1984) quien interpretó el índice global de la escala como una medida de concepto de actitudes hacia el sí mismo (Lluch, 1999).

En la investigación de Rosado participó una muestra de 334 estudiantes correspondientes al 16% de la matrícula de nuevo ingreso de una Universidad privada en Puerto Rico con una media de 14.4 años y una desviación estándar de 3.5; por puntuaciones inaceptables en la Escala de Autocrítica, la muestra se redujo a 70 participantes; en la de Alfaro, (*et, al.*, 2002) participó una muestra del 66% de mujeres (361) y 34% de hombres (183).

En la Tabla No. 5 de la página 75 se muestra que el Test de Fitts tiene validez de contenido por juicio de expertos; 6 profesionales evaluaron los reactivos en español propuestos por Rosado y concluyeron que poseían validez de constructo y la prueba de pre-post, arroja altos coeficientes de consistencia temporal (Alfaro, *et.al*, 2002). Las normas están manejadas bajo la prueba t que muestra un puntaje tipificado para cada sujeto y en puntaje percentil que permite obtener el porcentaje de sujetos en ese rango. La validez concurrecte es de 0.75 con p menor a 0.001 y la validez divergente tiene un coeficiente de correlación de pearson r=-0.56 con p menor a 0.001. La escala es un cuestionario de comportamiento típico, de aplicación colectiva e individual con íterms enunciados de manera descriptiva 90 directos e indirectos y 10 de autocrítica basada en la escala L de MMPI (Atallat, 1990; citado por Denegri, *et.al*, 2007).

FIABILIDAD	VALIDEZ	CORRELACIÓN	SIGNIFICANCIA
0.92	0.70	0.68 a -0.70	0.001

Tabla No. 5. Fiabilidad, Validez y Correlación del Test de Fitts.

Como puede observarse, el coeficiente de fiabilidad test-retest es 0.92 en la puntuación global y para las distintas escalas, oscilan entre 0.80 y 0.91. Las correlaciones se realizaron con el MMPI y el 16PF arrojando variabilidades inferiores a 0.70. La correlación con la escala de un afecto positivo es 0.68 y con una escala de ansiedad -0.70 y un nivel de significancia $p < 0.001$

El Test de Fitts consta de 100 aseveraciones descriptivas del yo en escala de Likert que oscila de 1) Completamente Falso al 5) Completamente veradero y se miden 5 dimensiones internas del yo respecto a 3 externas como los muestran la Tabla No. 6 en esta página al calce y la Tabla No. 7 en la siguiente, al inicio.

Denigri (*et. al,* 2007) realizó un experimento cuasiexperimental donde midió los cambios del autoconcepto en pre-post, en 181 alumnos que dividió en grupo control y experimental donde los maestros realizaban el proceso educativo a trvavés del trabajo colaborativo; sus resultados concluyen que aumentó la motivación al trabajo, hubo mayor práctica colaborativa y mejoraron significativamente los resultados, al modificarse el autoconcepto. También encontró que algunos puntajes disminuían del pre al postest; reafirmando que se dan modificaciones ante experiencias positivas que generan aprendizaje. Morales, Romagnoli en 1196 y Gupta en 2004 (citados por Denigri, *et. al,* 2007), concluyen en sus investigaciones que hay cambios en el autoconcepto ante experiencias suficientes y continuas de interacción positiva.

ESCALA	DIMENSIÓN DEL YO
YO FÍSICO	Visión sobre el propio cuerpo, estado de salud, apariencia física, destrezas y sexualidad.
YO MORAL-ÉTICO	Valoración moral propia, relación con Dios, sentimiento de ser "buena" o "mala" persona, satisfacción con la religión o carencia de ésta.
YO PERSONAL	Sentido de autovalía, adecuidad como persona, autoevaluación de personalidad o relaciones con otros.
YO FAMILIAR	Sentimiento de adecuidad, valoración y valía como miembro de su familia y autopercepción en relación a los otros significativos.
YO SOCIAL	Cómo se percibe en relación a los otros, sentido de adecuidad y valía en la interacción social.

Tabla No. 6. Dimensiones Internas del Yo del Test de Autoconcepto

ÁREA	DIMENSIÓN
AUTOCONCEPTO	Identidad *(what I am)*.
AUTOESTIMA	Satisfacción conmigo mismo *(how satisfied I am with myself)*
AUTOCOMPORTAMIENTO	Mis acciones *(what I do, the way I act)*

Tabla No. 7. Dimensiones Externas del Test de Fitts.

Al sumar los valores de Likert se obtiene la Puntuación Total. La elección de validaciones en la Escala de Likert se puntea sumando los puntajes como han sido contestados originalmente (puntuaciones positivas) o inviertiendo los valores (puntuaciones negativas) y el nivel se define en base a la Tabla No. 3 ubicada en la página 72 correspondiente a la forma de calificación para obtención de puntajes del Manual Afectivo Emocional de la Secretaría de Salud de la República de Nicaragua.

3.7.1.2. Cuestionario de Medición del Enfoque Centrado en la Persona

El Cuestionario de Medición del Enfoque Centrado en la Persona es de diseño Propio (Anexo 2) consta de 16 reactivos correspondientes a las variables de Empatía (4), Aceptación Incondicional (4), Consideración Positiva (4) y Congruencia (4) que se miden en una Escala de Likert de 5 a 1 donde 5 es Totalmente de Acuerdo, 4 De Acuerdo, 3 Ni de Acuerdo ni en Desacuerdo, 2 En Desacuerdo y 1 Totalmente en Desacuerdo (Anexo 1) fue creado en respuesta a la teoría de Rogers (2007; 2008; 2009; 2003; 1991; 2000; 2001), con la intención de contar con un instrumento novedoso que pudiera medir los cambios en la percepción de estas variables.

Su construcción se basa en la descripción de las "condiciones necesarias y suficientes" que son el eje central de la Teoría del Enfoque Centrado en la Persona que Carl Ransom Rogers (2007; 2008; 2009; 2003; 2001; 2000; 1991; 1964) y cuyas definiciones teóricas se muestran en la Tabla No. 8 en la página 77.

EMPATÍA	CONSIDERACIÓN POSITIVA	ACEPTACIÓN INCONDICIONAL	CONGRUENCIA
Hacer sentir, **sin evaluaciones ni juicios**, que se tiene muy claro el mundo del otro desde **su** punto de vista; tomar en cuenta **sus** pensamientos, sentimientos y emociones; comprender **sus** acciones desde **su propia experiencia**; captar **su mundo** privado "como si" fuera propio....saber lo que quiere decir y realimentarlo con un tono de voz que se lo ratifique, le permitirá llegar a ser autorresponsable	Hacer sentir al otro un verdadero interés por ser quien es, le lleva a sentirse confiado y al sentirse cómodo consigo mismo, manifestará su confianza y afecto a los demás, permitirá que se le conozca como realmente es y entonces, surgirá su potencial para lograr resultados	Comunicar al otro agrado e interés sin prejuicios ni barreras, le hace sentirse apreciado y valorado, lo que estimulará su cooperación, compromiso y disposición a llegar a acuerdos, plenos del aprecio y saber valorar – mutuos - que requiere la práctica colaborativa	Mostrar actitudes y sentimientos auténticos en correspondencia con las palabras, promueve la integración, unificación, ideas creativas, relaciones sanas y productivas, autorresponsabilidad, autoestima y un profundo respeto que surgen de la genuinidad, plena de diálogo y encuentro

Tabla No. 8. Definición de las Condiciones Necesarias y Suficientes de la Teoría del Enfoque Centrado en la Persona de Rogers

Tomando como base estas definiciones de Rogers (2007; 2008; 2009; 2003; 2001; 2000; 1991; 1964) se construyeron 4 ítems para cada condición Los primeros 4 reactivos correspondientes a la variable de Empatía se muestran en la Tabla No. 9 a continuación. Cada uno de estos reactivos se fue contestando en base a la Escala de Likert 5 a 1 de Totalmente de Acuerdo a Total Desacuerdo. El Cuestionario de Medición del Enfoque Centrado en la Persona de Creación Propia se encuentra en el Anexo 2.

EMPATÍA	
1	Mis pensamientos, sentimientos y emociones son tomados en cuenta.
2	Siento que puede ver las cosas desde mi punto de vista
3	Se pone en mis "zapatos" y me siento confiado(a).
4	Comprende mis acciones.

Tabla No. 9. Ítems de Medición de Percepción de la Empatía en el Cuestionario de Medición del Enfoque Centrado en la Persona Creación Propia.

En la Tabla No. 10 ubicada en esta página se muestran los 4 reactivos correspondientes a la variable Consideración Positiva (ítems 5 al 8) los cuales se responden en base a la Escala de Likert 5 a 1 mencionada anteriormente (ver Anexo 2).

CONSIDERACIÓN POSITIVA	
5	Considero que muestra un interés real en mí.
6	Me siento bien con él(ella) la mayor parte del tiempo.
7	Si percibo consideración de su parte, eso permite que me abra para que me conozca como soy.
8	Siento confianza y afecto con ella (él).

Tabla No. 10. Ítems de Medición de Percepción de la Consideración Positiva en el Cuestionario de Medición del Enfoque Centrado en la Persona de Creación Propia

Los 4 reactivos de la variable Aceptación Incondicional (9 al 12) se muestran en la Tabla No. 11 a continuación. Cada uno de estos reactivos stambién se fue contestando en base a la Escala de Likert 5 a 1 de Totalmente de Acuerdo a Total Desacuerdo. El Cuestionario de Medición del Enfoque Centrado en la Persona de Creación Propia se encuentra en el Anexo 2.

ACEPTACIÓN INCONDICIONAL	
9	Me siento apreciado(a) y valorado(a).
10	Percibo un clima libre de prejuicios y sin barreras.
11	Sentirme apreciado(a) propicia mi cooperación y compromiso.
12	Sentirme valorado(a) facilita que esté de acuerdo con las expectativas.

Tabla No. 11. Ítems de Medición de Percepción de la Aceptació Incondicional en el Cuestionario de Medición del Enfoque Centrado en la Persona de Creación Propia

Por lo que respecta a los 4 reactivos de la variable Congruencia (13 al 16) se muestran en la Tabla No. 12 a continuación y cada reactivo, también se valoraba de acuerdo a la Escala de Likert 5 a 1 de Totalmente de Acuerdo a Total Desacuerdo. El Cuestionario de Medición del Enfoque Centrado en la Persona de Creación Propia se encuentra en el Anexo 2.

	CONGRUENCIA
13	Siento que hay integración y unificación porque cada quien se muestra como realmente es.
14	Siento que pone en práctica mis ideas creativas.
15	Como todos se muestran como son hay buenas relaciones y responsabilidad personal.
16	Mostrarnos tal cual somos y fomenta la autoestima, respeto y comunicación clara, abierta y franca

Tabla No. 12. Ítems de Medición de Percepción de la Congruencia en el Cuestionario de Medición del Enfoque Centrado en la Persona Creación Propia

Para mostrar las respuestas valorales a cada uno de los reactivos propuestos en Escala de Likert 5 a 1 se muestra la Tabla No. 13 a continuación.

VALOR	ESCALA
5	Totalmente de Acuerdo
4	De Acuerdo
3	Ni de Acuerdo Ni en Desacuerdo
2	En Desacuerdo
1	Totalmente en Desacuerdo

Tabla No. 13. Valores de Likert del Cuestionario de Medición del Enfoque Centrado en la Persona de Creación Propia

El método es de Rensis Likert (1932) y propone afirmaciones o juicios exprsados en una relación lógica ante los que se mide la reacción de los evaluados ante las diferentes categorías de la escala. Una Escala de Likert se construye con afirmaciones orientadas a calificar el objeto de la actitud o percepción y se administra a un grupo piloto para obtener su confiabilidad y validez (Hernández, *et, al.*, 2010).

En la construcción de tests psicométricos, la confiabilidad y validez más autilizada en el ámbito de la Psicología, es el método de la consistencia interna, esperando que los ítems midan el atributo que se pretende. Este método tiene la ventaja de que sólo requiere que la prueba se administre una sola vez y su análisis está disponible en la paquetería de SPSS *Statistical Package for the Social Sciences*, donde se puede valorar tanto el número de ítems, como la proporción de la varianza total, debida a la covarianza de los reactivos medidos.

El Alpha de Cronbach ha sido comprobado en múltiples investigaciones (Angoff, 1953; Lord, 1955; Kaiser *et.al*, 1965; Feldt, 1965; Novick, *et.al*, 1967; Bentler, 1968; Heise, *et.al*, 1970; Armor,1974; Novick, *et.al*, 1967; Pandey, *et.al*,1975;Callender, *et, al.* 1979; Greene, *et.al, 1979;* Feldt, *et.al*, 1987; Fleishman, *et.al*, 1987; Reuterberg, *et.al*, 1992; Zimmerman, *et.al,*1993; Bacon, *et.al, 1995;* citados por Ledesma, *et.al*, 2002).

Así pues, para medir la consistencia interna del Cuestionario de Medición del Enfoque Centrado en la Persona se utilizó el coeficiente Alpha propuesto por Cronbach en 1951 quien establece que el criterio para considerar aceptable el coeficiente es que sea mayor a 0.70 y el obtenido aquí fue de 0.913 que implica que es confiable, válido y mide lo que pretende medir. Los resultados del Alpha de Cronbach obtenidos a través del SPSS *Statistical Package for Social Sciences* se muestran en la Tabla No. 14, en esta misma página.

Scale: ALL VARIABLES

Case Processing Summary

		N	%
Cases	Valid	13	100.0
	Excluded^a	0	.0
	Total	13	100.0

a. Listwise deletion based on all variables in the procedure.

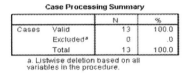

Reliability Statistics

Cronbach's Alpha	Cronbach's Alpha Based on Standardized Items	N of Items
.903	.913	16

Reliability

Summary Item Statistics

	Mean	Minimum	Maximum	Range	Maximum / Minimum	Variance	N of Items
Item Means	3.490	2.308	4.385	2.077	1.900	.432	16
Inter-Item Correlations	.395	-.464	.917	1.380	-1.977	.069	16

Tabla No. 14. Confiabilidad y Validez del Cuestionario de Medición del Enfoque Centrado en la Persona por Alpha de Cronbach

El Coeficiente de Fiabilidad se realiza para una estructura de las 4 variables principales en el diálogo apreciativo centrado en la persona: Empatía, Consideración Positiva, Aceptación Incondicional y Congruencia y sus 16 reactivos, 4 para cada Condición y fue aplicado a un grupo piloto con una muestra censal de coordinadores académicos. Se utilizó el SPSS *Statistical Package for Social Sciences* en su versión16.0

3.7.2. Para los Jefes

Con los Coordinadores Académicos se tuvo una intervención directa de facilitación del uso del Diálogo Apreciativo Centrado en la Persona en Comunidades realizadas con la Técnica de Wenger (2002) que se explica detalladamente a continuación.

3.7.2.1. Las Comunidades de Diálogo Apreciativo Centrado en la Persona

Las Comunidades de Diálogo Apreciativo Centrado en la Persona se realizaron con la Técnica desarrollada para las *Communities of Practice* de Etienne Wenger desde la plataforma propuesta de la creación de espacios que facilitaran el intercambio de conocimiento entre expertos.

Wenger en 2001 (citado por Juárez, 2004) propuso 3 características primordiales que se explican claramente en la Tabla No. 15 que se presenta a continuación.

CARACTERÍSTICAS	COMPORTAMIENTO
DOMINIO	Los miembros de la comunidad deben tener un interés compartido
CREACIÓN DE COMUNIDAD	Los participantes se comprometen en actividades y discusiones conjuntas de apoyo mutuo, gestionan conocimiento aportando y generando aprendizaje conjunto y construyen redes de colaboración fundamentadas en la sana interrelación humana.
INTERCAMBIO DE MEJORES PRÁCTICAS	En la comunidad se comparten experiencias, historias, herramientas, técnicas y formas de manejar problemas recurrentes.

Tabla No. 15. Condiciones de las Comunidades de Práctica de Etienne Wenger (2002).

Las Comunidades de Práctica han sido utilizadas con éxito en los ámbitos organizacional y educativo y resultan ser un método efectivo de cambio que permite el surgimiento de alternativas innovadoras. Como medios de generación de aprendizaje, la comunidad genera un poderoso ambiente; existen varias investigaciones que concluyen que la expresión de emociones y sentimientos y la interacción biológica y neurológica, inciden en el crecimiento del Autoconcepto y refuerzan el cambio (Le Doux, 1996; Harris, 1998; Kegan, 1982; Carter, 1999; Zull, 2002 y Le Doux, 2001; citados por Holly, 2004). Como lo propone Zull (2002) el aprendizaje es un sentimiento y la suma de funciones emocionales y cognitivas permiten que la reacción se convierta en acción (Le Doux, 1996). El aprendizaje más significativo es aquel que se da de persona a persona (cara a cara). Aquí hay 2 niveles de conexión: las redes neuronales internas y la interacción a través del diálogo "tú-yo". El aprendizaje a través de la experiencia que es el propósito de la investigación-acción e incrementa el trabajo colaborativo (Nixon, 2003; citado por Holly, 2004). La Red de Investigación del Trabajo Colaborativo (CARN) fundada por John Elliot es un excelente ejemplo de las aportaciones que se han hecho desde las Comunides de Aprendizaje a diferentes campos como gobierno, jurisprudencia, educación y organizaciones, entre otras; en lugares como Gales, España, Austria, Australia, Estados Unidos y Canadá; confirmando así mismo los trabajos de Carl Rogers (2008) en los grupos de Encuentro que inició desde 1947 que también desde entonces, han tenido repercusiones sociales significativas con orientación al desarrollo personal repercutiendo en la optimización de la comunicación y las relaciones interpersonales fundamentadas en la empatía, aceptaciónincondicional, consideración positiva y congruencia.

3.8. Procedimiento

El 12 de Agosto de 2009 a las 16:00 Hrs., se convocó a los Directores Académicos y sus Coordinadores por parte de la Jefatura de Talento Humano contando con el respaldo de la Directora de Capital Humano y del Vicerrector Académico, para darles a conocer el Proyecto de Diálogo Apreciativo Centrado en la persona en Conversaciones Cara a Cara Jefe-Colaborador que estaría a cargo de la Investigadora, la Titular de Talento Humano y el Consultor Experto asesor en los procesos Humanos de la Universidad. Se les explicó el propósito de desarrollar un modelo centrado en la persona donde los Coordinadores Académicos pudieran facilitar mejoras en el flujo de la comunicación, la práctica colaborativa y los resultados de sus áreas, a través del uso del diálogo apreciativo en sesiones cara a cara con sus colaboradores de tiempo completo.

El Cuestionario de Medición del Enfoque Centrado en la Persona de Creación Propia (Anexo 2) y el Test de Autoconcepto de Fitts (Anexo 3) fueron administrados en un solo paquete, impresos en hojas blancas tamaño carta y engrapados. Se les llevaron a los Colaboradores a sus oficinas en forma personal y se les pidió que en forma anónima, evaluaran el nivel de su sentir respecto a cada característica tomando en consideración la actitud de su jefe inmediato hacia ellos y se les dejó solos, solicitándoles que una vez terminada, la entregaran.

La recolección de datos del pretest a los colaboradores, se inició el 7 de Septiembre de 2009 y el postest, se realizó el 14 de Mayo de 2010. Los datos fueron vaciados en la paquetería de Office 2007 en el programa de Excel y manejados en el Programa SPPS *Statistical Package for the Social Sciences*, en su versión 16.0 y la prueba t se obtuvo de la Paquetería Office 2007 en el Programa Excel. El vacío de datos del Pre y Post del Cuestionario de Medición del Enfoque Centrado en la Persona de Creación Propia puede verse en los Anexos 4 y 5, respectivamente. El vacío Pre-Post del Test de Autoconcepto de Fitts están por áreas Autoconcepto, Autoestima y Autocomportamiento en sus dimensiones (física, moral-ética, personal, familiar, social) y el nivel autocrítica, en los Anexos del 6 al 37. A los colaboradores se les pidió que contestaran con toda sinceridad debido a que los datos obtenidos se manejarían en conjunto eliminando toda posibilidad de poder ser reconocidos así que no se les pidieron datos personales ni académicos para garantizar la absoluta confidencialidad. Se les dijo que sus Corrdinadores participarían en un programa de diálogo apreciativo centrado en la persona en conversaciones cara a cara jefe-colaborador, así que se pretendía conocer su percepción inicial y final para medir los cambios.

Los Coordinadores trabajaron en Comunidades de Diálogo Apreciativo Centrado en la Persona, con la técnica de *Communities of Practice* de Etienne Wenger que se realizaron los días 23 de Septiembre; 7 y 21 de Octubre; 11 y 18 de Noviembre de 2009; 3 y 21 de Abril y; 30 de Junio de 2010; se llevaron a cabo diálogos libres y tópicos específicos como "Facilitación del Diálogo Apreciativo Centrado en la Persona"; "Confrontación Apreciativa"; "Cómo Enfrentar los Miedos"; "Los Recovecos de la Realimentación"; entre sesiones de diálogo libre., que fueron diseñadas para facilitar el manejo de inquietudes que surgían en las sesiones y que eran de interés o preocupación común habilitándoles al mejor manejo de sus competencias y talentos de liderazgo con un total de 30 horas de facilitación y acompañamiento. Para iniciar, se impartió un Taller de 4 horas y media – de 16:00 a 20:30 Hrs. – con apoyo de una presentación en Power Point misma que cada uno tenía impresa y se fueron haciendo prácticas en las que los participantes pudieron aplicar los pasos a seguir y los resultados a esperar y se les instó a aplicar la técnica una vez al mes con cada Colaborador y reunirse voluntariamente en la Comunidad de Diálogo Apreciativo Centrado en la Persona para fortalecer el conocimiento, compartir las mejores prácticas y disipar sus dudas con el apoyo de los 3 facilitadores expertos quienes habían venido desarrollando el modelo durante un año, previo a la aplicación. En cada Comunidad se ubicaron en sillas hacinendo un círculo entre participantes y facilitadores sin obstáculos como mesas sino cara a cara para propiciar el diálogo, la participación directa, el intercambio de mejores prácticas, el modelamiento de situaciones y roleplaying de intercambios reales para facilitar su manejo.

3.9. Tratamiento de los Datos

3.9.1. Del Cuestionario de Medición del Diálogo Apreciativo Centrado en la Persona

El Cuestionario de Medición del Enfoque Centrado en la Persona de Creación Propia diseñado en Escala de Likert 5 – 1 con 16 reactivos, 4 por variable: Emparía, Consideración Positiva, Aceptación

Incondicional y Congruenica (Anexo 1) se aplicó en pilotaje a una muestra censal de Coordinadores Académicos de Posgrado, los datos resultantes se manejaron con estadística descriptiva, vaciando los datos en la Paquetería de Office 2007 en el Programa de Excel y se calculó la confiabilidad y validez del instrumento capturando los datos en el SPPS *Statistical Package for Social Sciences* en su versión 16.0 para obtener el Alpha de Cronbach, resultante en 0.913 (ver Anexo 1).

Una vez validado el Instrumento, se determinó el número de colaboradores directos de los Coordinadores Académicos que voluntariamente participaron en el Proyecto resultando ser 46 de los cuales sólo 38 se encontraon disponibles para el Pretest y 23 en el Postest, debido a la baja de 2 Coordinadores académicos en el período de Septiembre de 2009 a Mayo 2010.

Los datos se vaciaron en el programa de Excel (Ver anexos 4 y 5) y se manejaron por una parte en comparación de medias en el SPSS obteniendo la prueba t a través del programa de estadística de Excel para medir el nivel de significancia en $p=0.05$ como puede observarse en la Tabla No. 22 de la página 96; Tabla No. 26 de la 101; Tabla No.30 de la 106 y la Tabla No. 34 de la 111). También se utilizó la estadística descriptiva para comparar los cambios en datos porcentuales obtenidos en la aplicación Pre y Post (ver la Tabla No. 17 y Tabla No. 18, en la página 93).

3.9.2. Del Test de Fitts

El Test de Fitts se manejó en su versión en español obtenida por J. Rosado en 1992 Maneja Escala de Likert 5-1 de Totalmente Verdadero a Totalmente Falso, con 100 reactivos que fueron capturados totalmente en Excel (ver Anexo 3). Los datos se valoraron de acuerdo a la Tabla 4 obtenidos del Manual Afectivo Emocional y como puede observarse manejan la técnica del reverso en algunos ítems. Los datos fueron vaciados en Excel (ver Anexos 6 al 37)

3.9.3. Del Modelo de Diálogo Apreciativo Centrado en la Persona en Conversaciones a Cara

El Diálogo Apreciativo Centrado en la Persona en Conversaciones Cara a cara implica desarrollar las habilidades de comunicación basadas en la Empatía, Apoyo Incondicional, Consideración Positiva y Congruencia para facilitar el incidir en el Autoconcepto del otro y al sentirse aceptado, valorado, respetado y considerado como persona única y digna con un potencial propio capaz de dirigir su propia conducta hacia el bien ser, bien estar y bien hacer, aceptará a los demás y se dispondrá a la práctica colaborativa y a dar resultados. Ésta fue la facilitación que se llevó a cabo con los Coordinadores con la técnica de grupo de discusión con diseño de investigación acción. La integración y análisis de los datos estuvo a cargo de 3 observadores expertos quienes mediante los métodos fenomenológico y hermenéutico capturaron las experiencias, facilitaron el crecimiento y crearon las condiciones necesarias y suficientes para el cambio.

En este Modelo que muestra la Figura No. 1 en la página siguiente, el Jefe utiliza el Diálogo Apreciativo Centrado en la Persona en Conversaciones Cara a cara con su Colaborador y mejora su percepción a la vez que incide en su aceptación personal y le lleva a aceptar a otros y estar dispuesto a la Comunicación, Práctica Colaborativa y los Resultados al incidir en su Autoconcepto, Autoestima y Autocomportamiento y la mejora es mutua.

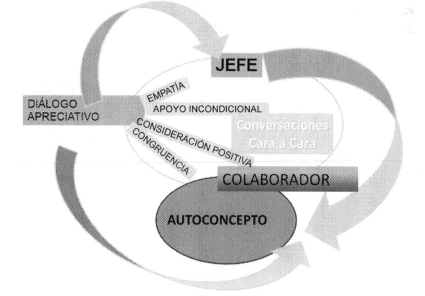

Figura No. 1. Modelo del Diálogo Apreciativo Centrado en la Persona en Conversaciones Cara a Cara

Los Jefes se insertaron en el proceso de Comunidad de Diálogo Apreciativo Centrado en la Persona con la Técnica de Wenger una vez por mes, 2 horas en promedio; donde se les sensibilizó, modeló y apoyó en el uso del Diálogo Apreciativo Centrado en la Persona en Conversaciones Cara a Cara con la consigna de que se reunieran con cada colaborador al menos una vez al mes y se intercambiaron mejores prácticas en la Comunidad de Diálogo Apreciativo Centrado en la Persona. Se prepararon Temas especiales cuando eran expuestas inquietudes por parte del grupo de tal modo que se favorecieran del conocimiento. También se les brindó una atención personalizada constante para poder apoyar y canalizar sus inquietudes y necesidades en coaching.

La Figura No. 2 en la página siguiente, se muestra el proceso de Planeación, Intervención, Verificación y Acción, utilizado en las Comunidades de Diálogo Apreciativo Centrado en la Persona técnica de *Communities of Practice* de Wenger 2002; el Modelamiento del Diálogo basado en la Teoría del Enfoque Centrado en la Persona de Rogers (2007; 2008; 2009; 2003; 1991; 2000; 2001) y la técnica de recopilación de datos cualitativos mediante la técnica de Indagación Apreciativa de Cooperrider (2000).

El Proceso de la Comunidad de Diálogo Apreciativo Centrado en la Persona es una continua investigación, comprensión, profundización y explicación de los fenómenos humanos. Un constante flujo de Planeación, Intervención, Verificación y Acción que va generando un continuoMovimiento hacia el crecimiento tanto de los participantes como de losFacilitadores que se permiten esta inmersión en una experiencia mutua.

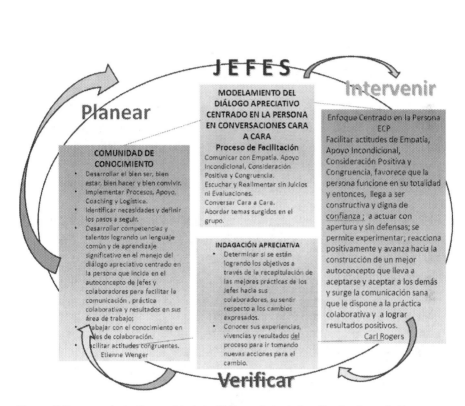

JEFES

Planear

Intervenir

MODELAMIENTO DEL
DIÁLOGO APRECIATIVO
CENTRADO EN LA PERSONA
EN CONVERSACIONES CARA
A CARA
Proceso de Facilitación
Comunicar con Empatía, Apoyo
Incondicional, Consideración
Positiva y Congruencia.
Escuchar y Reallmentar sin Juicios
ni Evaluaciones.
Conversar Cara a Cara.
Abordar temas surgidos en el
grupo.

**COMUNIDAD DE
CONOCIMIENTO**
• Desarrollar el bien ser, bien
estar, bien hacer y bien convivir.
• Implementar Procesos, Apoyo,
Coaching y Logística.
• Identificar necesidades y definir
los pasos a seguir.
• Desarrollar competencias y
talentos logrando un lenguaje
común y de aprendizaje
significativo en el manejo del
diálogo apreciativo centrado en
la persona que incida en el
autoconcepto de jefes y
colaboradores para facilitar la
comunicación , práctica
colaborativa y resultados en sus
área de trabajo;
• Trabajar con el conocimiento en
redes de colaboración.
• Facilitar actitudes congruentes.
Etienne Wenger

INDAGACIÓN APRECIATIVA
• Determinar si se están
logrando los objetivos a
través de la recapitulación de
las mejores prácticas de los
jefes hacia sus
colaboradores, su sentir
respecto a los cambios
expresados.
• Conocer sus experiencias,
vivencias y resultados del
proceso para ir tomando
nuevas acciones para el
cambio.

Enfoque Centrado en la Persona
ECP
Facilitar actitudes de Empatía,
Apoyo Incondicional,
Consideración Positiva y
Congruencia, favorece que la
persona funcione en su totalidad
y entonces, llega a ser
constructiva y digna de
confianza ; a actuar con
apertura y sin defensas; se
permite experimentar; reacciona
positivamente y avanza hacia la
construcción de un mejor
autoconcepto que lleva a
aceptarse y aceptar a los demás
y surge la comunicación sana
que le dispone a la práctica
colaborativa y a lograr
resultados positivos.
Carl Rogers

Verificar

Figura 2 Proceso de la Comunidad de Diálogo Apreciativo Centrado en la Persona en Conversaciones Cara a Cara Jefe-Colaborador

CAPÍTULO 4

RESULTADOS

4.1. De los Jefes

4.1.1. De la Comunidad de Diálogo Apreciativo Centrado en la Persona

En las Comunidades de Diálogo Apreciativo Centrado en la Persona con los Jefes, se observó un proceso de desarrollo de la confianza interna y externa que les permitió poder hablar más sobre sí mismos y expresar sus frustraciones e incomodidades. Fue recurrente el hecho de expresar el sentirse incapaces de afrontar a colaboradores conflictivos y manifestaban su temor de tomar decisiones que pudieran ser mal entendidas o llevarles incluso a una sanción. Siendo evidente la necesidad de reforzamiento de sus Competencias como: Liderazgo, Pensamiento Estratégico, Construcción de Redes y Negociación; aspectos observados y después, reflejados en el proceso análogo de Evaluación 360°.

Se percibió en el trascurso de las Sesiones cómo se fue dando el cambio en sus actitudes y fueron reflejando una mayor soltura a referirse a su "yo" siendo más autorresponsables.

En la última Comunidad de Diálogo Apreciativo Centrado en la Persona del 30 de Junio de 2010, se les retroalimentó respecto a los cambios en la percepción de sus colaboradores respecto al sentir de la Empatía, Consideración Positiva, Apoyo Incondicional y Congruencia sentidas por ellos en su relación y diálogo apreciativo centrado en la persona en conversaciones cara a cara y manifestaron sentirse más cómodos con la presencia de ellos y que obviamente estaban teniendo más oportunidad de interacción en condiciones más igualitarias permitiendo así mismo ser realimentados y hacerlos partícipes de los cambios y decisiones.

También expresaron que el estar más cerca de sus colaboradores, les permitió un trato más amigable y familiar que propició mayor interés en sus actividades diarias y que ellos sí percibieron incremento y mejora en la comunicación, práctica colaborativa y resultados, en sus áreas de trabajo.

De los 18 Coordinadores que voluntariamente se apuntaron para participar en el Modelo de Diálogo Apreciativo Centrado en la Persona en Conversaciones Cara a Cara Jefe – Colaborador, a la primera Sesión se presentaron 17 y la faltante ya fue eliminada del Programa. La Tabla No. 16 ubicada en esdta página, muestra el seguimiento y la Gráfica No. 1 inserta en la página 91 muestra la asistencia de los coordinadores a las Comunidades di Diálogo Apreciativo.

FECHA	ACTIVIDAD	LUGAR	PERSONAS	HORARIO	Hrs.
26/08/09	Presentación del Proyecto ante Vicerrector Académico, Directora de Capital Humano, Directores y Coordinadores Académicos	B300	60	16 a 17	1
7,8 y 9/09/ 09	Prestest de Cuestionario ECP y Autoconcepto a Colaboradores de Tiempo Completo	Oficinas	38	Variable	Variable
9/09/09	1.Comunidad de Práctica con el Tema de Diálogo Apreciativo Centrado en la Persona	B300	17	16 a 21	5
23/09/09	2.Comunidad de Práctica de Diálogo Apreciativo Centrado en la Persona	B300	8	16 a 17:30	1.30
7/10/09	3.Comunidad de Práctica de Diálogo Apreciativo Centrado en la Persona	B 314	5	16 a 17:30	1.30
21/10/10	4.Comunidad de Práctica de Diálogo Apreciativo Centrado en la Persona	Sala "C"	7	16 a 17:30	1.30
11/11/09	5.Comunidad de Práctica con el Tema de Confrontación Apreciativa	B300	11	16 a 18:30	2.30
18/11/09	6.Comunidad de Práctica de Diálogo Apreciativo Centrado en la Persona	B300	5	16 a 17:30	1.30
9/12/09	7.Día de Cierre de la Comunidad de Práctica de Diálogo Apreciativo Centrado en la Persona	B300	11	16 a 17:30	1.30
3/03/10	8.Comunidad de Práctica con el Tema de Cómo Enfrentar los Miedos	B 300	13	16:00 a 19:30	3.30
21/04/10	9.Comunidad de Práctica de Recovecos en la Realimentación	Sala "C"	4	16:00 a 18:30	2.30
30/06/10	10.Comunidad de Práctica Indagación Apreciativa	Sala "C"	7	16:00 a 17:40	1:40
13 al 17/05/10	Postest de Cuestionario ECP y Autoconcepto a Colaboradores de Tiempo Completo	Oficinas	23	Variable	Variable

Tabla No. 16. Proyecto de Comunidades de Diálogo Apreciativo Centrado en la Persona en Conversaciones Cara a Cara Jefe – Colaborador

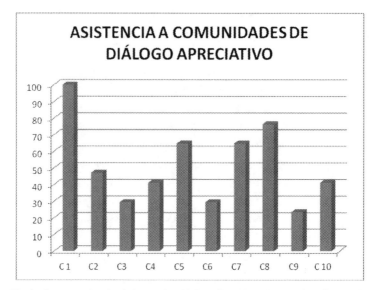

Gráfica No.1. Porcentaje de Asistencia de los Coordinadores a la Comunidades de Diálogo Apreciativo Centrado en la Persona.

En esta gràfica se observa la fluctuación de la asistencia de los Coordinadores a las 10 Comunidades de Diálogo Apreciativo Centrado en la Persona (C1 a C10) con una asistencia notable en la Comunidad 1.

4.2. De los Colaboradores

A los colaboradores se les aplicó el Test de Autoconcepto de Fitts y el Cuestionario de Medición del Enfoque Centrado en la Persona de Creación Propia, antes y después de que sus Jefes participaran en la Comunidad de Diálogo Apreciativo Centrado en la Persona en Conversaciones Cara a Cara Jefe-Colaborador a continuación se ecplica detalladamente cada uno de ellos.

4.2.1. Del Cuestionario de Medición del Enfoque Centrado en la Persona

Los resultados de la aplicación previa y posterior del Cuestionario de Medición del Enfoque Centrado en la Persona a los. Colaboradores se muestran en la Tabla No. 17 y la tabla No. 18, presentadas a continuación. Se obtuvieron comparando los puntajes de los 16 ítems, mediante el diseño pre-post, con la prueba t (ver Anexos 4 y 5) por cada uno de las variables: Empatía, Consideración Positiva, Aceptación Incondicional y Congruencia.

PRETEST GENERAL 7/09/09	5 Totalmente de Acuerdo % TA	4 De Acuerdo % DA	3 Ni Acuerdo Ni Desacuerdo % NAND	2 En Desacuerdo % D	1 Totalmente en Desacuerdo % TD
EMPATÍA	39	31	17	10	3
CONSIDERACIÓN POSITIVA	47	32	13	5	3
ACEPTACIÓN INCONDICIONAL	53	32	6	4	5
CONGRUENCIA	37	29	16	13	5

Tabla No. 17. Resultado General obtenido en el Pretest del Cuestionario de Medición del Enfoque Centrado en la Persona de Creación Personal.

POSTEST GENERAL 14/05/10	5 Totalmente de Acuerdo %	4 De Acuerdo %	3 Ni Acuerdo Ni Desacuerdo %	2 En Desacuerdo %	1 Totalmente en Desacuerdo %
EMPATÍA	56.7	26.6	13.2	3.5	0
CONSIDERACIÓN POSITIVA	44.7	37	14.4	3.9	0
ACEPTACIÓN INCONDICIONAL	66.2	13.4	14.8	5.6	0
CONGRUENCIA	47.2	28	17.6	7.2	0

Tabla No. 18. Resultado General obtenido en el Postest del Cuestionario de Medición del Enfoque Centrado en la Persona de Creación Personal.

En esta Tabla se observa una disminución en los niveles en Desacuerdo y ausencia de puntuaciones en Total Desacuerdo.

En cuanto a la Escala de Likert 5 a 1 en los resultados del Pretest del Cuestionario de Meidición del Enfoque Centrado en la Persona que pueden observarse en Tabla No. 19 página 94, se muestra un rango de 4.2 en la Aceptación Incondicional como el más alto y en 3.9 puntearon la Empatía y la Congruencia con el rango más bajo dentro de los Items, quedando la Consideración Positiva en 4.1 sin embargo por Promedios Generales por Variable se tiene:

PROMEDIOS ECP	
Cuestionario ECP - PRETEST	
EMPATÍA	3.9
CONSIDERACIÓN POSITIVA	4.1
ACEPTACIÓN INCONDICIONAL	4.2
CONGRUENCIA	3.9

Tabla No. 19.. Promedios Generales del Pretest del Cuestionario del Medición del Enfoque Centrado en la Persona basadas en Escala de Likert 5 a 1

Esta Tabla suma los promedios obtenidos de los puntajes de Likert en los 4 reactivos correspondientes a cada condición en el Cuestionario de Medición del Enfoque Centrado en la Persona teniendo que ni Empatía ni Congruencia, alcanzan el Nivel "De acuerdo"; mientras, Consideración Positiva y Congruencia sí están en el nivel "De Acuerdo"

Mientras los rangos del Postest que se observan en la Tabla No. 20 que se ubica en la página 95, en cuanto a la Escala de Likert 5-1 se muestra queel nivel 4.4 obtenido en la Aceptación Incondicional, es el más alto y 4.1 respecto a la Congruencia, el más bajo; Consideración Positiva obtuvo 4.3 y Empatía 4.2; esto después 9 meses de participación de sus Jefes en el Proceso de Diálogo Apreciativo Centrado en la Persona.

PROMEDIOS ECP	
Cuestionario ECP - POSTEST	
EMPATÍA	4.2
CONSIDERACIÓN POSITIVA	4.3
ACEPTACIÓN INCONDICIONAL	4.4
CONGRUENCIA	4.1

Tabla No. 20. Promedios Generales del Postest del Cuestionario de Medición del Enfoque Centrado en la Persona en Escala de Likert 5 a 1

Esta Tabla suma los promedios obtenidos de los puntajes de Likert en los 4 reactivos correspondientes a cada condición en el Cuestionario de Medición del Enfoque Centrado en la Persona teniendo que todos los factores: Empatía, Consideración Positiva, Aceptación Incondicional y Congruencia alcanzaron el nivel "De Acuerdo"

4.2.1.1. De la Empatía

En la comparación de medias Pre-Post por pares de reactivos se observa en cuanto a la Empatía percibida por los colaboradores de parte de sus jefes como se observa en la Tabla No. 21 inserta en la página 91, hay una mejora altamente significativa con un nivel de 0.03 respecto a sentir **que sus pensamientos, sentimientos y emociones sí fueron tomados en cuenta** (E1) y en el.08 se puede suponer que hubo movimiento positivo en el hecho de sentir que su Jefe empezó **a ponerse "en sus zapatos" haciéndolos sentir confiados** (E3) y comenzó a **comprender sus acciones** (E4).

Los reactivos 1 al 4 son los que se diseñaron patra medir la percepción de los colaboradores respecto a la Empatía sentida de parte de sus jefes que forma parte del Cuestionario de Medición del Enfoque centrado en la Persona de creación propia (Anexo 2).

ÍTEM	EMPATÍA	Prueba t
1	Mis pensamientos, sentimientos y emociones son tomados en cuenta	0.02
2	Siento que puede ver las cosas desde mi punto de vista	NS
3	Se pone en mis zapatos y me siente confiado(a)	0.08
4	Comprende mis acciones	0.08

Tabla No. 21. Nivel de significancia en la comparación pre-post de Empatía por pares de preguntas en el Cuestionario de Medición del Enfoque Centrado en la Persona Creación Propia

En la cuanto al comparativo de medias mostrado en la Tabla No. 22 y Gráfica No. 2 en la página 96, se observa que la prueba t arroja un puntaje de 0.02 significativo en p< 0.05, sólo en el ítem 1, aunque en los ítems 3 y 4 acusan movimientos, aunque no son significativos en 95%. La prueba t se obtuvo de la paquetería de Office Excel 2007.

Pregunta	Aplicación	N	MEDIA	t	Diferencia Significativa
EMPATÍA 1	Pretest	37	3.9189	0.03	SI en .05
	Postest	21	4.3810		
EMPATÍA 2	Pretest	37	3.8919	0.19	No
	Postest	21	4.1429		
EMPATÍA 3	Pretest	37	3.6216	0.08	SI en .10
	Postest	21	4.0952		
EMPATÍA 4	Pretest	37	4.3601	0.08	SI en .10
	Postest	21	4.6163		

Tabla No. 22. Prueba t en el análisis Pre-Post en el Factor EMPATÍA

En esta tabla se observa un nivel de significancia t 0.03 con p<0.05 y movimientos en las Medias aunque con mediana significancia en 0.08 con p>0.05 pero p<0.10

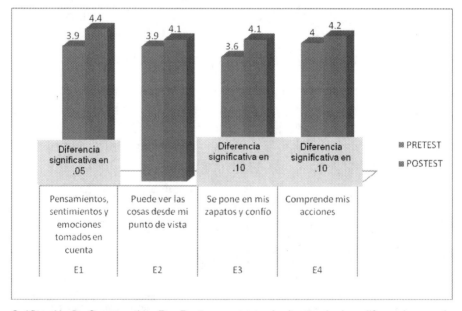

Gráfica No.2. Comparativo Pre-Post por pares de ítems de las diferencias en la percepción de los Colaboradores respecto a la EMPATÍA sentida de parte de sus Jefes.

Esta Gráfica muestra las diferencias Pre-Post encontradas en el ámbito de la EMPATÍA con nivel significativo en E1 y con movimiento en E3 y E4.

En cuanto a la Estadística Descriptiva por Escala de Likert 5 a 1 se observa en el Pretest del Cuestionario de Medición del Enfoque Centrado en la Persona que explica la Tabla No. 23 a continuación y que puede observarse en la Gráfica No. 3 de la página 97, que 39% estuvieron Totalmente de Acuerdo (TA) en que pueden sentirla de parte de sus Jefes; 31% de Acuerdo (DA); 17% Ni de Acuerdo Ni en Desacuerdo (NAND); 10% en Desacuerdo (D) y 3% en Total Desacuerdo (TD).

Mientras la Estadística Descriptiva del Postest descrito en la misma Tabla No. 23 descrita y mostrada en la misma Gráfica No. 3 insertas a continuación, se muestra un 56.7% en Totalmente de Acuerdo (TA); 26.6% en De Acuerdo (DA); 13.2% en Ni de Acuerdo Ni en Desacuerdo (NAND); 3.5% en Desacuerdo (D) y 0% en Total Desacuerdo (TD).

Lik	Niv	PRE %	POST %	DIF %
5	TA	39	56.7	45.4
4	DA	31	26.6	-14.2
3	NAND	17	13.2	-22.4
2	D	10	3.5	-65.0
1	TD	3	0	-100.0

Tabla No. 23. Diferencias Pre-Post de la Percepción de EMPATÍA sentida por los Colaboradores.

Esta Tabla mustra los datos de la Escala de Opinión **TA** Totalmente de Acuerdo; **DA** De Acuerdo; **NAND** Ni De Acuerdo Ni en Desacuerdo; **D** en Desacuerdo; **TD** Totalmente en Desacuerdo

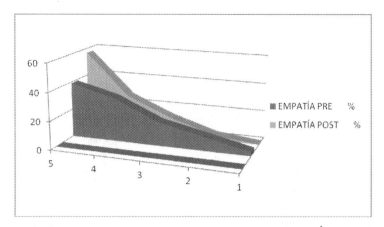

Gráfica No.3. Comparativo Pre-Post de la Percepción de EMPATÍA sentida por los Colaboradores

La gráfica No. 3 de la página anterior, muestra un incremento de 45.4% en el nivel Totalmente de Acuerdo (TA); con un decremento en las opiniones: De Acuerdo (DA) en -14.2%, Ni de Acuerdo Ni en Desacuerdo (NAND) en -22.4%, en Desacuerdo -65% y 7.8% y en Total Desacuerdo (TD) -100%

Así, las variaciones porcentuales entre PRE y POST presentadas en la Tabla No. 24 a continuación son de 45.4% en el nivel Totalmente de Acuerdo (TA); decremento de -14.2% en la opinión De Acuerdo (DA); -22.4% de decremento en Ni de Acuerdo Ni en Desacuerdo (NAND); -65% de decremento en Desacuerdo (D) y -100% de decremento en Totalmente en Descuerdo (TD) y los movimientos pueden observarse en la Gráfica No. 4

En la Tabla No. 24 a continuación, se presentan esta variaciones por Zonas de Acuerdo que comprenden las opiniones Totalmente de Acuerdo (TA) y De Acuerdo (DA) y la Zona en Desacuerdo que suma los puntajes de Ni de Acuerdo Ni en Desacuerdo (NAND), en Desacuerdo (D) y Total Desacuerdo (D). Teniendo que la:

a) Zona del Área de Acuerdo que comprenden la suma de opiniones Totalmente de Acuerdo TA) y De Acuerdo (DA) que en Pretest corresponden al 70% y en el Postest al 83.3% y se muestran en la Tabla No. 24 en esta página y en la página 99 en la Gráfica No. 4 puede observarse la ampliación de la zona azul correspondiente al área de acuerdo.

b) Zona de Área en Desacuerdo que integra las opiniones en Ni de Acuerdo Ni en Desacuerdo (NAND); en Desacuerdo (D) y Total Desacuerdo (TD) que en el Pretest implica al 30% y en el Postest baja al 16.7% como puede observarse en la misma Tabla No. 24 aquì inserta y en la Gráfica 4 página 99 se observa la disminución de la zona roja correspondiente al área en desacuerdo.

Opinión	SUMA TOTAL		
	PRE %	POST %	
TA+DA	70.0	83.3	Zona en Acuerdo
NAND+D+TD	30.0	16.7	Zona Neutra o en Desacuerdo

Tabla 24. Comparativo Pre-Post de EMPATÍA por Opiniones Generales

En esta Tabla No. 24 de la página anterior se observa la suma porcentual de Zonas por **TA** Totalmente de Acuerdo más **DA** de Acuerdo y la de Ni de Acuerdo Ni en Desacuerdo **NAND**, con las de **D** Desacuerdo y **TD** en Total Desacuerdo que están representadas en la Gráfica No. 4 a continuación

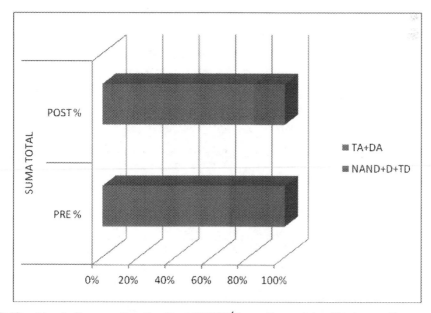

Gráfica No. 4. Comparativo Pre-Post EMPATÍA por Porcentajes Totales en Zonas en Acuerdo y Neutra más Desacuerdo

4.2.1.2. De la Consideración Positiva

En la comparación de medias Pre-Post por pares de reactivos del factor Consideración Positiva no se observan diferencias significativas y los cambios observados no son estadísticamente significativos. Como puede observarse en la Tabla No. 25 inserta en la página 100, los ítems 5, 6 y 7 del Cuestionario de Medición del Enfoque Centrado en la Persona (Anexo 2) fueron diseñados para mesdir la percepción de la Consideración Positiva sentida por los colaboradores de parte de sus jefes.

ÍTEM	CONSIDERACIÓN POSITIVA	Prueba t
5	Considero que muestra un interés real en mí.	NS
6	Me siento bien con él(ella) la mayor parte del tiempo.	NS
7	Si percibo consideración de su parte, eso permite que me abra para que me conozca como soy.	NS
8	Siento confianza y afecto con ella (él).	NS

Tabla No. 25. Nivel de significancia en la comparación pre-post de Consideración Positiva por pares de preguntas en el Cuestionario de Medición del Enfoque Centrado en la Persona Creación Propia

En laTabla No. 26 que se muestra a continuación puede observarse el comparativo de medias por pares de preguntas entre el Pre y Postest de la medición de la percepción en cuanto a Consideración Positiva donde ningún reactivo muestra diferencia significativa entre sus medias y que puede observarse en la Gráfica No. 5 ubicada en la página 102.

CONSIDERACIÓN POSITIVA	Aplicación	N	MEDIA	t	Diferencia Significativa
CP 1	Pretest	37	4.0270	0.19	No
	Postest	21	4.3333		
CP 2	Pretest	37	4.1622	0.22	No
	Postest	21	4.3333		
CP 3	Pretest	37	4.2432	0.21	No
	Postest	21	4.0476		
CP 4	Pretest	37	4.0811	0.19	No
	Postest	21	4.3333		

Tabla No. 26. Comparativo Pre-Post de CONSIDERACIÓN POSITIVApor Pares de Preguntas con nivel de significancia

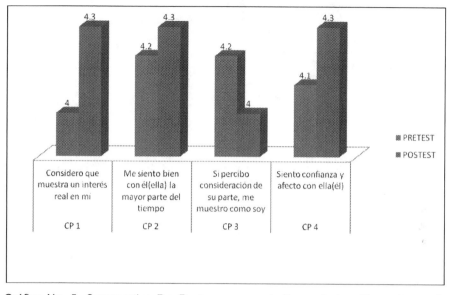

Gráfica No. 5. Comparativo Pre-Post por pares de ítems de las diferencias en la percepción de los Colaboradores respecto a la CONSIDERACIÓN POSITIVA sentida de parte de sus Jefes.

Como puede observarse en la Gráfica, no hay cambios significativos es cuanto a Consideración Positiva

En la Estadística Descriptiva de la CONSIDERACIÓN POSITIVA no se observan cambios significativos lo que supone que los Jefes no han facilitado que sus colaboradores se muestren como son y sean capaces de tomar decisiones independientes. Sin embargo en la parte porcentual se tiene en el Pretest insertado en la Tabla No. 27 y que pueden observarse en la Gráfica No. 6 insertas en la página 102 se muestra que los resultados en este factor muestran 47% Totalmente de Acuerdo (TA) en que lo perciben de parte de sus jefes; 32% de Acuerdo (DA); 13% Ni de Acuerdo Ni en Desacuerdo; 5% en Desacuerdo (D) y 3% en Total Desacuerdo (TD).

Mientras en el Postest en la misma Tabla No. 27 y mostrados en la Gráfica No. 6 en la siguiente página, se observa que el 44.7% están Totalmente de Acuerdo (TA); 37% de Acuerdo (DA); 14.4% Ni de Acuerdo, Ni en Desacuerdo (NAND); 3.9% en Desacuerdo (D) y; 0% en Total Desacuerdo (TD).

Lik	Niv	PRE %	POST %	DIF %
5	TA	47	44.7	-4.9
4	DA	32	37	15.6
3	NAND	13	14.4	10.8
2	D	5	3.9	-22.0
1	TD	3	0	-100.0

Tabla No. 27. Diferencias Pre-Post de la Percepción de CONSIDERACIÓN POSITIVA sentida por los Colaboradores

En esta tabla se observa que hubo un decremento de -4.9.% en el nivel Totalmente de Acuerdo (TA); se incrementó 15.6% la opinión De Acuerdo (DA) y 10.8% la de Ni de Acuerdo Ni en Desacuerdo (NAND); -22% de decremento en la de Desacuerdo y -100% de en Total Desacuerdo (TD).

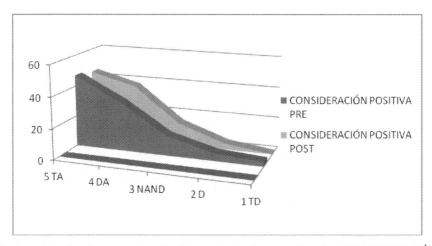

Gráfica No. 6. Comparativo Pre-Post de la Percepción de CONSIDERACIÓN POSITIVA sentida por los Colaboradores

En cuanto a las variaciones porcentuales, se tuvo un decremento de -4.9% en la opinión Totalmente de Acuerdo (TA); la De Acuerdo, se incrementó 15.6% y en 10.8% la de Ni de Acuerdo Ni en Desacuerdo (NAND); en Desacuerdo (D) decrementó un -22% y en Total Desacuerdo (TD) un -100% como lo muestra la Tabla No. 27 y la Gráfica No. 6 en la página 103.

En la Tabla No. 28 ubicada en la página 103 se muestra que aunque en la *Zona en Acuerdo* comprendida por la suma de opiniones en las áreas Totalmente de Acuerdo (TA) y De Acuerdo (DA) pasa del 79% en el Pretest a 81.7% en el Postest y la *Zona en Desacuerdo* delimitada por las opiniones Ni de Acuerdo Ni en Desacuerdo (NAND), en Desacuerdo (D) y en Total Desacuerdo (TD) y la Gráfica No. 7 a continuación, se acusa disminución observable en el área roja (zona en desacuerdo) con incremento en la azul (zona de acuerdo) en el Postest aunque las diferencias encontradas no son estadísticamente significativas.

Opinión	SUMA TOTAL		
	PRE %	POST %	
TA+DA	79.0	81.7	Zona en Acuerdo
NAND+D+TD	21.0	18.3	Zona Neutra o en Desacuerdo

Tabla 28. Comparativo Pre-Post de CONSIDERACIÓN POSITIVA por Opiniones Generales

Esta tabla muestra la suma porcentual de Zonas por **TA** Totalmente de Acuerdo más **DA** de Acuerdo y la de Ni de Acuerdo Ni en Desacuerdo **NAND**, con las de **D** Desacuerdo y **TD** en Total Desacuerdo.

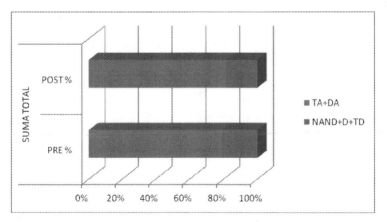

Gráfica No. 7. Comparativo Pre-Post CONSIDERACIÓN POSITIVA por Porcentajes Totales en Zonas en Acuerdo y Neutra más Desacuerdo

La gráfica anterior muestra la representación porcentual de Zonas, la azul es la De Acuerdo integrada por por **TA** Totalmente de Acuerdo más **DA** de Acuerdo y roja es la de En Desacuerdo formada por la de Ni de Acuerdo Ni en Desacuerdo **NAND**, con las de **D** Desacuerdo y**TD** en Total Desacuerdo.

4.2.1.3. De la Aceptación Incondicional

En cuanto a la ACEPTACIÓN INCONDICIONAL se puede observar en la Tabla No. 29 en la página 104, los ítems correspondientes a la medición de la percepción de esta variable por parte de los colaboradores, del 9 al 12 (ver Anexo 2) y acusa un movimiento en la percepción de haberse creado **un clima libre de prejuicios y barreras** (reactivo 10) en el nivel de significancia del 0.10 en p>0.05 que empieza a demostrar un cambio.

ÍTEM	ACEPTACIÓN INCONDICIONAL	Prueba t
9	Me siento apreciado(a) y valorado(a).	NS
10	Percibo un clima libre de prejuicios y sin barreras.	.10
11	Sentirme apreciado(a) propicia mi cooperación y compromiso.	NS
12	Sentirme valorado(a) facilita que esté de acuerdo con las expectativas.	NS

Tabla No. 29. Nivel de significancia en la comparación pre-post de Aceptación Incondicional por pares de preguntas en el Cuestionario de Medición del Enfoque Centrado en la Persona Creación Propia

En el comparativo de medias por pares de preguntas que se muestra en la Tabla No. 30 y puede observarse en la Gráfica No. 8 de de la página 105 sólo se encontró un movimiento hacia el cambio en el reactivo 10.

ACEPTACIÓN INCONDICIONAL	Aplicación	N	MEDIA	t	Diferencia Significativa
AI 1	Pretest Postest	37 21	3.9459 4.1429	0.26	No
AI 2	Pretest Postest	37 21	3.5946 4.0476	0.10	SI en .10
AI 3	Pretest Postest	37 21	4.6216 4.7143	0.28	No
AI 4	Pretest Postest	37 21	4.5676 4.6190	0.38	No

Tabla No. 30. Comparativo Pre-Post de ACEPTACIÓN INCONDICIONAL por Pares de Preguntas con nivel de significancia.

Al 2 correspondiente al reactivo 10 del Cuestionario de Medición del Enfoque Centrado enla Persona de creación propia presenta mejora con una significancia en .10 que aunque es p> 0.05 implica un movimiento considerable.

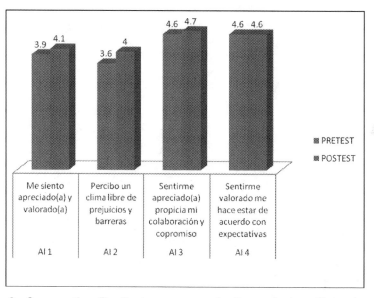

Gráfica 8. Comparativo Pre-Post por pares de ítems de las diferencias en la percepción de los Colaboradores respecto a la ACEPTACIÓN INCONDICIONAL sentida de parte de sus Jefes

Como se observa en la Gráfica anterior hay un movimiento apreciable en Al 2 correspondiente al reactivo 10 que mide el cambio en la percepción de un clima libre de prejuicios y bareras

En cuanto a los valores porcentuales, en el Pretest que se muestran en la Tabla No. 31 en la página 106 y se observa en Gráfica No. 9 página 107, se obtuvo un 53% de respuestas en Totalmente de Acuerdo (TA); 32% en De Acuerdo (DA); 6% Ni de Acuerdo Ni en Desacuerdo; 4% en Desacuerdo (D) y 5% en Total Desacuerdo; en sentir esta variable de parte de sus Jefes.

Mientras en el Postest observado en la misma Tabla No. 31 y Gráfica No. 9 mencionadas anteriormente, se encontró 66.2% Totalmente de Acuerdo (TA); 13.4% de Acuerdo (DA); 14.8% Ni de Acuerdo Ni en Desacuerdo (NAND); en Desacuerdo (D) 5.6% y en Total Desacuerdo (TD) 0%

Lik	Niv	PRE %	POST %	DIF %
5	TA	53	66.2	24.9
4	DA	32	13.4	-55
3	NAND	6	14.8	146.7
2	D	4	5.6	40
1	TD	5	0	-100

Tabla No. 31. Diferencias Pre-Post de la Percepción de ACEPTACIÓN INCONDICIONAL sentida por los Colaboradores

La tabla anterior muestra los datos de la Escala de Opinión **TA** Totalmente de Acuerdo; **DA** De Acuerdo;**NAND** Ni De Acuerdo Ni en Desacuerdo; **D** en Desacuerdo; **TD** Totalmente en Desacuerdo.

Las variaciones porcentuales entre PRE y POST (Tabla 32) arrojan incremento del 24.9% en Totalmente de Acuerdo (TA); decremento de -55% en De Acuerdo (DA); incremento de 146.7% en Ni de Acuerdo Ni en Desacuerdo (NAND) y de 40% en Desacuerdo (D) para finalizar con un decremento de -100% en Total Desacuerdo (TD).

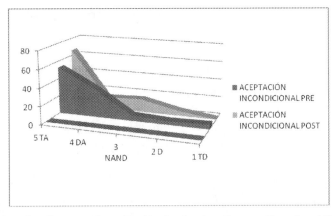

Gráfica No. 9. Comparativo Pre-Post de la Percepción de ACEPTACIÓN INCONDICIONAL sentida por los Colaboradores

Esta Gráfica No. 9 muestra que hubo un incremento de 24.9% en el nivel Totalmente de Acuerdo (TA); la opinión De Acuerdo (DA) decremento en -55%; Ni de Acuerdo Ni en Desacuerdo

(NAND) se incrementó 146.7% y 40% la de Desacuerdo y; decremento en -100% enTotal Desacuerdo (TD).

La Tabla No. 32 y la Gráfica No. 10 de la página 108 ubica las Zonas de Acuerdo y en Desacuerdo en forma porcentual:

a) *Zona de Acuerdo* que suma los porcentajes de las áreas Totalmente de Acuerdo (TA) y De Acuerdo (DA) mientras en el PRETEST arroja 80% en el POSTEST baja a 79.6%
b) *Zona en Desacuerdo* integrada por Ni de Acuerdo Ni en Desacuerdo (NAND), en Desacuerdo (D) y en Total Desacuerdo (TD) se incrementa de 15% a 20.4%

Opinión	SUMA TOTAL		
	PRE %	POST %	
TA+DA	85.0	79.6	Zona en Acuerdo
NAND+D+TD	15.0	20.4	Zona Neutra o en Desacuerdo

Tabla No. 32. Comparativo Pre-Post de ACEPTACIÓN INCONDICIONAL por Opiniones Generales

Esta Tabla muestra la suma porcentual de Zonas por **TA** Totalmente de Acuerdo más **DA** de Acuerdo y la de Ni de Acuerdo Ni en Desacuerdo **NAND**, con las de **D** Desacuerdo y **TD** en Total Desacuerdo.

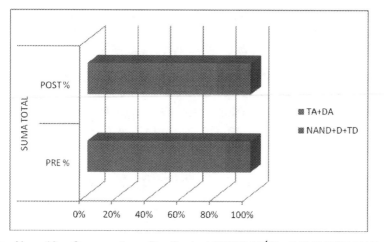

Gráfica No. 10. Comparativo Pre-Post ACEPTACIÓN INCONDICIONAL por Porcentajes Totales en Zonas en Acuerdo y Neutra más Desacuerdo

Esta gráfica muestra una representación porcentual de Zonas por **TA** Totalmente de Acuerdo más **DA** de Acuerdo y la de Ni de Acuerdo Ni en Desacuerdo **NAND**, con las de **D** Desacuerdo y **TD** en Total Desacuerdo.

4.2.1.4. De la Congruencia

Sin embargo en la variable CONGRUENCIA como se muestra en la Tabla No. 33 a continuación muestra los últimos 4 reactivos (del 12 al 16) del Cuestionario de Medición del Enfoque Centrado en la persona de creación propia (ver Anexo 2) hay un nivel de significancia de .05 en percibir que **se tomaron en cuenta sus ideas creativas** (CO 2) y en .10 en cuanto a que **todos están empezando a mostrarse como son** por lo que se notó **mejora en las relaciones interpersonales y en la autorresponsabilidad** (CO 3).

ÍTEM	CONGRUENCIA	Prueba t
13	Siento que hay integración y unificación porque cada quien se muestra como realmente es.	NS
14	Siento que pone en práctica mis ideas creativas.	.03
15	Como todos se muestran como son hay buenas relaciones y responsabilidad personal.	.09
16	Mostrarnos tal cual somos y fomenta la autoestima, respeto y comunicación clara, abierta y franca	NS

Tabla No. 33. Nivel de significancia en la comparación pre-post de Congruencia por pares de preguntas en el Cuestionario de Medición del Enfoque Centrado en la Persona Creación Propia

En cuanto al comparativo de medias que explica la Tabla No. 34 y puede observarse en la Gráfica 11 ubicada en la página 110, el comparativo de medias por pares de preguntas sólo el reactivo 14 muestra un nivel de significancia con una t de 0.03 en p<0.05 y en el reactivo 14 se observa un movimiento importante.

CONGRUENCIA	Aplicación	N	MEDIA	t	Diferencia Significativa
CO 1	Pretest	37	3.7297	0.14	No
	Postest	21	4.0952		
CO 2	Pretest	37	3.9189	0.03	SI en .05
	Postest	21	4.3810		
CO 3	Pretest	37	3.5946	0.09	SI en .10
	Postest	21	4.0476		
CO 4	Pretest	37	4.1892	0.31	No
	Postest	21	4.0476		

Tabla No. 34. Comparativo Pre-Post de CONGRUENCIA por Pares de Preguntas con nivel de significancia

La Congruencia presenta una mejora altamente significativa en 0.03 con

P<0.05 en CO 2 y medianamente significativa pero con movimiento importante en 0.09 con p>0.05 pero p<0.10 en CO 3

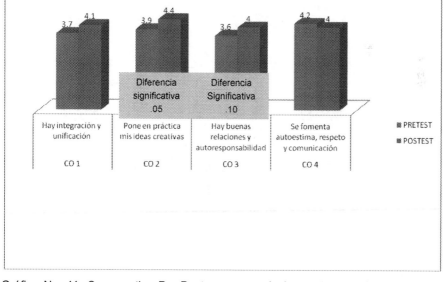

Gráfica No. 11. Comparativo Pre-Post por pares de ítems de las diferencias en la percepción de los Colaboradores respecto a la CONGRUENCIA sentida de parte de sus Jefes

Se observan cambios en la aceptación de ideas creativas y mejora de relaciones y autorresponsabilidad

La Tabla No. 35 a continuación y la Gráfica No. 12 de la página 112, muestran los porcentajes de opinión se tienen en el PRETEST y en el POSTEST de la Variable Congruencia.

En el Pretest se tienen 37% de opiniones Totalmente de Acuerdo (TA); 29% De Acuerdo (DA); 16% en Ni de Acuerdo Ni en Desacuerdo (NAND); 13% en Desacuerdo (D) y 5% en Total Desacuerdo (TD) en percibir autenticidad de parte de su Jefe.

Mientras en el Postest las opiniones fueron de un 47.2% Totalmente de Acuerdo (TA); 28% De Acuerdo (DA); 17.6% Ni de Acuerdo Ni en Desacuerdo (NAND); 7.2% en Desacuerdo (D) y 0% en Total Desacuerdo (TD).

En las diferencias porcentuales entre PRE y POST se obtuvo un incremento de 27.6% en Totalmente de Acuerdo (TA), un decremento de -3.4% en la opinión de Acuerdo (DA); 10% de incremento en Ni de Acuerdo Ni en Desacuerdo (NAND): -44.6% de decremento en Desacuerdo (D) y -100% en Total Desacuerdo (TD)

Lik	Niv	PRE %	POST %	DIF %
5	TA	37	47.2	27.6
4	DA	29	28	-3.4
3	NAND	16	17.6	10.0
2	D	13	7.2	-44.6
1	TD	5	0	-100.0

Tabla No. 35. Comparativo Pre-Post de la Percepción de CONGRUENCIA sentida por los Colaboradores

La Tabla muestra los datos de la Escala de Opinión **TA** Totalmente de Acuerdo; **DA** De Acuerdo;**NAND** Ni De Acuerdo Ni en Desacuerdo; **D** en Desacuerdo; **TD** Totalmente en Desacuerdo

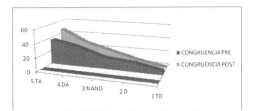

Gráfica No. 12. Comparativo Pre-Post de la Percepción de CONGRUENCIA sentida por los Colaboradores

La Tabla No. 36 inserta a continuación y la Gráfica 13 inserta en la página 113 muestran las Zonas de Acuerdo y en Desacuerdo:

Zona del Área de Acuerdo que comprenden la suma de opiniones Totalmente de Acuerdo TA) y De Acuerdo (DA) que en Pretest corresponden al 66% y en el Postest al 75.2%

Zona de Área en Desacuerdo que integra las opiniones en Ni de Acuerdo Ni en Desacuerdo (NAND); en Desacuerdo (D) y Total Desacuerdo (TD) que en el Pretest implica al 34% y en el Postest baja al 24.8%

Opinión	PRE %	POST %	
TA+DA	66.0	75.2	Zona en Acuerdo
NAND+D+TD	34.0	24.8	Zona Neutra o en Desacuerdo

Tabla No. 36. Comparativo Pre-Post de CONGRUENCIA por Opiniones Generales

Esta tabla muestra la suma porcentual de Zonas por **TA** Totalmente de Acuerdo más **DA** de Acuerdo y la de Ni de Acuerdo Ni en Desacuerdo **NAND**, con las de **D** Desacuerdo y **TD** en Total Desacuerdo.

En la Gráfica 13 a continuación se observa la disminución Zona en Desacuerdo (área roja) y el incremento de la Zona de Acuerdo (azul).

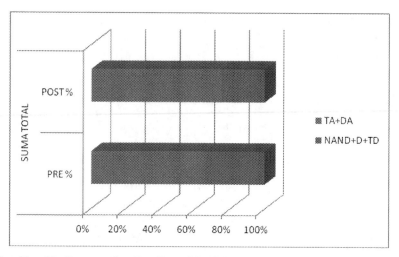

Gráfica No. 13. Comparativo Pre-Post CONGRUENCIA por Porcentajes Totales en Zonas en Acuerdo y Neutra más Desacuerdo

Esta Gráfica muestra la representación porcentual de los cambios por Zonas por **TA** Totalmente de Acuerdo más **DA** de Acuerdo – en la azul - y la de Ni de Acuerdo Ni en Desacuerdo **NAND**, con las de **D** Desacuerdo y **TD** en Total Desacuerdo – en la roja -.

4.2.2. Del Test de Autoconcepto de Fitts

En Test de Fitts mide las 3 áreas del sí mismo: Autoconcepto, Autoestima y Autocomportamiento en sus 5 dimensiones: Física, Moral-Ética, Personal, Familiar y Social y además, la Escala de Autocrítica.

Los datos se manejaron en base a la Tabla 4 tomando en cuenta el valor de la Escala de Likert y asignando el concepto de reversa conforme a los reactivos marcados. Se vaciaron en Excel (anexos 6 a 37) y los puntajes se promediaron mediante la Estadística Descriptiva obteniendo los del Pretest en los datos que se muestran en la Tabla No. 37 y los del Postest que pueden verse en la Tabla No. 38 ambas en la página 114, en las que se han marcado las áreas en Regular y Bajo de acuerdo a la Tabla de Valoración del Manual Afectivo Emocional visible en la Tabla No. 39.

PRETEST FITTS	FÍSICO	MORAL-ÉTICO	PERSONAL	FAMILIAR	SOCIAL
AUTOCONCEPTO	16.4	21.8	13.7	19.7	17.4
AUTOESTIMA	15.4	17.4	14.5	20.9	16.9
AUTOCOMPORTAMIENTO	20.2	15.4	17.3	16.5	18.8

AUTOCRÍTICA	31.6

Tabla No. 37. Resultados de la Aplicación del PRETEST de Fitts aplicado a los Colaboradores 9 de Septiembre 2009

De acuerdo a la Tabla de Valoración de Puntajes del Test de Fitts, el PRETEST de los Colaboradores arroja una media de 17.8 en el área de AUTOCONCEPTO GENERAL correspondiente a un nivel BAJO según lo muestra la Tabla No. 39 correspondiente a la Valoración de Puntajes del Manual Afectivo Emocional de la Secretaría de Salud de la República de Nicaragua, inserta al calce de esta página.

POSTEST FITTS	FÍSICO	MORAL-ÉTICO	PERSONAL	FAMILIAR	SOCIAL
AUTOCONCEPTO	15.7	22.1	13.9	19.7	17.1
AUTOESTIMA	14.1	17.9	14	21.4	17
AUTOCOMPORTAMIENTO	20.4	15.1	17.2	16	19.1

AUTOCRÍTICA	31

Tabla No. 38. Resultados de la Aplicación del POSTEST de Fitts apicado a los Colaboradores el 17de Mayo de 2010

En el POSTEST la media es de 17.7, nivel BAJO según la Tabla No. 39 a continuación correspondiente a la Valoración de Puntajes del Manual Afectivo Emocional de la Secretaría de Salud de la República de Nicaragua que se muestra a continuación.

30 - 27	EXCELENTE
26.9 - 23	ALTO
22.9 - 19	REGULAR
18.5 - 12	BAJO
11.9 - 0	DEFICIENTE

Tabla No. 39. Valoración de Puntajes del Test de Fitts obtenidos del Manual Afectivo Emocional de la Secretaría de Salud de la República de Nicaragua.

4.2.2.1. Del área de Autoconcepto

Para realizar el comparativo de medias por pares de preguntas realizado a través del programa SPSS *Statistical Package for the Social Sciences* en su versión 16.0 como se muestra en la Tabla No. 40 ubicada a continuación y cuyas medias se observan en la Gráfica No. 14 en la página 116 el resultado con una variación inversa con una t -0.09 que en p> 0.05 aunque no alcanza el nivel de significancia esperado, acusa un movimiento que merece ser tomado en cuenta en el Autoconcepto Físico. En las demás dimensiones, se puede observar que las medias aunque diferentes, no tuvieron cambios significativos, pero los movimientos son observables. Los datos se vaciaron en el Programa de Excel de la paquetería de Office 2007 y se encuentran en los Anexos 6 al 10.

AUTOCONCEPTO	Aplicación	N	MEDIA	t	Diferencia Significativa
FÍSICO	Pretest	37	16.3514	-0.09	SI en -.10
	Postest	21	15.6667		
MORAL - ÉTICO	Pretest	37	21.8378	0.31	No
	Postest	21	22.1429		
PERSONAL	Pretest	37	13.7297	0.40	No
	Postest	21	13.9048		
FAMILIAR	Pretest	37	19.7297	0.49	No
	Postest	21	19.7143		
SOCIAL	Pretest	37	17.4054	0.32	No
	Postest	21	17.1429		

Tabla No. 40. Comparativo de medias Pre-Post del AUTOCONCEPTO para ubicar el nivel de significancia

En esta Tabla se muestra en el comparativo de medias que en cuanto a AUTOCONCEPTO se mantuvieron en los niveles BAJO y REGULAR. En Autoconcepto Físico hubo movimiento significativo inverso.

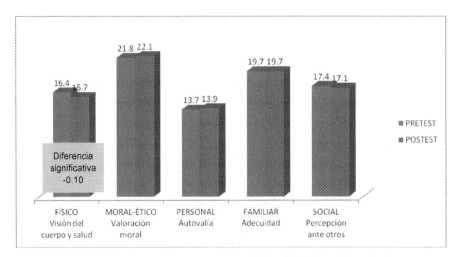

Gráfica No. 14. Comparativo Pre-Post de AUTOCONCEPTO del Test de Fitts aplicado a los Colaboradores

Esta Gráfica muestra un que el AUTOCONCEPTO de los Colaboradores en todas sus dimensiones, se ha mantenido de BAJO a REGULAR según la Tabla No. 39 correspondiente a la Valoración de Puntajes del Manual Afectivo Emocional de la Secretaría de Salud de la República de Nicaragua ubicada en la página 114 y muestra un cambio significativo inverso en la dimensión Física.

En cuanto al puntaje promedio general obtenido que muestra la Tabla No. 41 página 117 se observa un promedio de 17.80 en el PRETEST y 17.70 en el POSTEST con una diferencia porcentual total con un promedio de -0.63 resultando en ambos casos en nivel BAJO según la Tabla No. 39 correspondiente a la Valoración de Puntajes del Manual Afectivo Emocional de la Secretaría de Salud de la República de Nicaragua en la página 114.

AUTOCONCEPTO	PRETEST	POSTEST	Diferencia %
FÍSICO Visión del cuerpo y salud	16.4	15.7	-4.27
MORAL-ÉTICO Valoración moral	21.8	22.1	1.38
PERSONAL Autovalía	13.7	13.9	1.46
FAMILIAR Adecuidad	19.7	19.7	0.00
SOCIAL Percepción ante otros	17.4	17.1	-1.72
T o t a l	17.80	17.70	-0.63

Tabla No. 41. Diferencias porcentuales en Pre-Post del área de Autoconcepto

Esta tabla exhibe un comparativo de los puntajes obtenidos en cada una de las dimensiones de Autoconcepto mostrando las diferencias porcentuales promedio.

4.2.2.1.1. Del Autoconcepto Físico

En esta dimensión presenta una t -0.09 con p>0.05 aunque estadísticamente rebasa el nivel esperado un movimiento inverso significativo acerca de cómo los colaboradores **ven su cuerpo y su estado de salud** como se muestra en la Tabla No. 40 ubicada en la página 115.

El puntaje general del Pretest baja de 16.4 a 15.7 en el Postest con una diferencia porcentual inversa de -4.27% que acusa el mayor movimiento de esta área de medición con ambas puntuaciones en el Nivel Bajo según la Tabla No. 39 correspondiente a la Valoración de Puntajes del Manual Afectivo Emocional de la Secretaría de Salud de la República de Nicaragua ubicada en la página 114.

4.2.2.1.2. Del Autoconcepto Moral-Ético

En esta dimensión que corresponde a la **valoración moral** se observa que las medias entre el Pretest y el Postest fluctúan de 21.8378 a 22.1429 sin existir un nivel significativo en sus diferencias, existe movimiento positivo como lo muestra la Tabla No. 40 inserta en la página 115.

Los puntajes generales van de 21.8 a 22.1 entre pre y post siendo una de las que casi alcanza el Nivel Alto según la Tabla No. 39 correspondiente a la Valoración de Puntajes del Manual Afectivo Emocional de la Secretaría de Salud de la República de Nicaragua ubicada en la página 114 y con una diferencia porcentual positiva de 1.38%

4.2.2.1.3. Del Autoconcepto Personal

Esta dimensión que mide el **sentido de autovalía** presenta una variación entre sus medias; en Pretest 13.7297 y en Postest 13.9048, sin diferencia significativa pero nuevamente con movimiento positivo como se muestra en la Tabla No. 40 ubicada en la página 115.

En las diferencias porcentuales presenta un 1.46% de incremento con puntajes de 13.7 a 13.9 permanece en el Nivel Bajo según la Tabla No. 39 correspondiente a la Valoración de Puntajes del Manual Afectivo Emocional de la Secretaría de Salud de la República de Nicaragua ubicada en la página 114..

4.2.2.1.4. Del Autoconcepto Familiar

En cuanto al **sentido de adecuidad** que mide esta dimensión, sus medias van de 19.7297 a 19.7143 mostrando un ligero decremento entre pre y post sin diferencia significativa como se muestra en la Tabla No. 40 inserta en la página 115.

No hay evidencia de diferencia porcentual, en décimas se mantiene como se muestra en la Tabla No. 41 ubicada en la página 117 y su nivel permanece en Regular según la Tabla No. 39 correspondiente a la Valoración de Puntajes del Manual Afectivo Emocional de la Secretaría de Salud de la República de Nicaragua ubicada en la página 114.

4.2.2.1.5. Del Autoconcepto Social

La **percepción ante otros** que mide esta dimensión presenta medias pre-post que oscilan de 17.4054 a 17.1429 sin acusar diferencia significativa, sin embargo hay leve movimiento como lo muestra la Tabla No. 40 de la página 115 y ambas, se mantienen en el nivel Bajo según la Tabla No. 39 correspondiente a la Valoración de Puntajes del Manual Afectivo Emocional de la Secretaría de Salud de la República de Nicaragua ubicada en la página 114.

La diferencia porcentual es inversa -1.72, con puntajes de 17.4 a 17.1, como se muestra en la Tabla No. 41 inserta en la página 117.

4.2.2.2. Del área de Autoestima

En en el área de Autoestima se observa un alto nivel de significancia inversa en la dimensión de Autoestima Física con una t -0.03 con una p< 0.05 obtenida a través de la comparación de medias realizada en el SPSS *Statistical Package for the Social Sciences* como se observa en la Tabla No. 42 y Gráfica No. 15 en la página 120, donde también se indican movimientos observables. Los datos fueron capturados en el Programa Excel de la paquetería de Office 2007 y se encuentran en los Anexos 11 al 15. Aunque medias de las demás dimensiones no son iguales y no acusan niveles significativos en su variación.

AUTOESTIMA	Aplicación	N	MEDIA	t	Diferencia Significativa
FÍSICA	Pretest	37	15.4054	-0.03	SI en .05
	Postest	21	14.0952		
MORAL - ÉTICA	Pretest	37	17.4324	0.12	No
	Postest	21	17.8571		
PERSONAL	Pretest	37	14.5135	0.18	No
	Postest	21	14.0000		
FAMILIAR	Pretest	37	20.8919	0.15	No
	Postest	21	21.3810		
SOCIAL	Pretest	37	16.9189	0.44	No
	Postest	21	17.0476		

Tabla No. 42. Comparativo de medias Pre-Post de la AUTOESTIMA para ubicar el nivel de significancia

Se observa en esta Tabla que sólo hubo diferencias significativas en las dimensiones Física y Familiar.

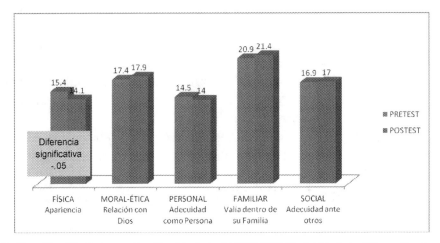

Gráfica No. 15. Comparativo Pre-Post de AUTOESTIMA del Test de Fitts aplicado a los Colaboradores

En esta Gráfica se observa un cambio significativo inverso en .05 en Autoestima Física.

En cuanto al puntaje promedio general obtenido en esta área, se tiene 17.02 en el PRETEST y 16.88 en el POSTEST como se muestra en la Tabla No. 43 a continuación resultando en ambos casos en nivel BAJO según la Tabla No. 39 correspondiente a la Valoración de Puntajes del Manual Afectivo Emocional de la Secretaría de Salud de la República de Nicaragua ubicada en la página 114.

; con una variación porcentual promedio inversa de -1.21

AUTOESTIMA	PRETEST	POSTEST	Diferencia %
FÍSICA Apariencia	15.4	14.1	-8.44
MORAL-ÉTICA Relación con Dios	17.4	17.9	2.87
PERSONAL Adecuidad como Persona	14.5	14	-3.45
FAMILIAR Valía dentro de su Familia	20.9	21.4	2.39
SOCIAL Adecuidad ante otros	16.9	17	0.59
T o t a l	17.02	16.88	-1.21

Tabla No. 43. Diferencias porcentuales en Pre-Post del área de Autoestima

4.2.2.2.1. De la Autoestima Física

La **apariencia física** que mide esta dimensión presenta una t-0.03 en p<0.05 con un alto nivel de significancia en sentido inverso. Las medias oscilan de 15.4054 a 14.0952 entre pre y post como se muestra en la Tabla 43 inserta arriba.

Los puntajes fluctúan de 15.4 a 14.1 con una diferencia porcentual promedio de -8.44% entre el Pre y el Postest como se muestra en la Tabla No. 43 en esta misma página, manteniéndose en Nivel Bajo según la Tabla No. 39 correspondiente a la Valoración de Puntajes del Manual Afectivo Emocional de la Secretaría de Salud de la República de Nicaragua ubicada en la página 114.

4.2.2.2.2. De la Autoestima Moral-Ética

Esta dimensión corresponde a la **Relación con Dios**, las medias fluctúan del Pre al Post de 17.4324 a 17.8571, sin diferencia significativa como se observa en la Tabla No. 42 de la página 120. Sin embargo también se observa movimiento.

Los puntajes variaron de 17.4 a 17.9; con una variación porcentual promedio positiva de 2.87% que puede verse en la Tabla No. 43 inserta en la página anterior. Sin embargo ambos puntajes permanecieron en nivel BAJO según la Tabla No. 39 correspondiente a la Valoración de Puntajes del Manual Afectivo Emocional de la Secretaría de Salud de la República de Nicaragua ubicada en la página 117.

4.2.2.2.3. De la Autoestima Personal

En cuanto a **sentirse adecuado como persona** las medias entre Pre y Post no acusan diferencia significativa. Van de 14.5135 a 14.0000 como se observa en la Tabla No. 42 ubicada en la página 120.

La diferencia porcentual promedio es inversa correspondiendo a -3.45% con puntajes de 14.5 en el Pretest y 14 en el Postest como puede observarse en la Tabla No. 43 inserta en la página 121. Ambos puntajes se ubican en el Nivel Bajo según la Tabla No. 39 correspondiente a la Valoración de Puntajes del Manual Afectivo

Emocional de la Secretaría de Salud de la República de Nicaragua ubicada en la página 114.

4.2.2.2.4. De la Autoestima Familiar

La **valoración y valía como miembro de su familia** que mide esta dimensión presenta medias Pre y Post que se observa en la Tabla No. 42 de la página 120, van de 20.8919 a 21.3810, sin diferencia significativa; sin embargo, también acusan un movimiento positivo.

La diferencia porcentual de acuerdo a la Tabla No. 43 de la página 121, es de 2.39% con puntajes de 20.9 a 21.4 que se ubican en el Nivel Regular alto según la Tabla No. 39 correspondiente a la Valoración de Puntajes del Manual Afectivo Emocional de la Secretaría de Salud de la República de Nicaragua ubicada en la página 114.

4.2.2.2.5. De la Autoestima Social

El sentimiento de **adecuidad ante otros** presenta medias que van de 16.9189 a 17.0476 en el pre-post y sin diferencia significativa como lo muestra la Tabla No. 42 de la página 120 que también presenta variación positiva.

En la diferencia porcentual es de sólo 0.59% con puntajes de 16.9 a 17 con una ínfima variación como puede verse en la Tabla No. 43 de la página 121 que mantiene al pretest y postest en el nivel Bajo según la Tabla No. 39 correspondiente a la Valoración de Puntajes del Manual Afectivo Emocional de la Secretaría de Salud de la República de Nicaragua ubicada en la página 114.

4.2.2.3. Del área de Autocomportamiento

En el área de Autocomportamiento los datos no reflejan diferencias estadísticamente significativas como se observa en la Tabla No. 44 y en la Gráfica No. 16 ubicadas en la página 124; sin embargo es observable que las medias no son iguales lo que significa que también se presenta movimiento en esta área, observable en la Gráfica 16. Los datos se manejaron en Excel y se encuentran en los

Anexos 16 al 20. El comparativo de medias se realizó a través del SPPS *Statistical Package for Social Sciences.*

AUTOCOMPORTAMIENTO	Aplicación	N	MEDIA	t	Diferencia Significativa
FÍSICO	Pretest	37	20.2432	0.38	No
	Postest	21	20.3810		
MORAL - ÉTICO	Pretest	37	15.3784	0.33	No
	Postest	21	15.0952		
PERSONAL	Pretest	37	17.2703	0.48	No
	Postest	21	17.2381		
FAMILIAR	Pretest	37	16.5405	0.22	No
	Postest	21	16.0000		
SOCIAL	Pretest	37	18.8108	0.34	NO
	Postest	21	19.0952		

Tabla No. 44. Comparativo de medias Pre-Post de AUTOCOMPORTAMIENTO Para ubicar el nivel de significancia

Como se observa en la Tabla no hay cambios en el área de AUTOCOMPORTAMIENTO.

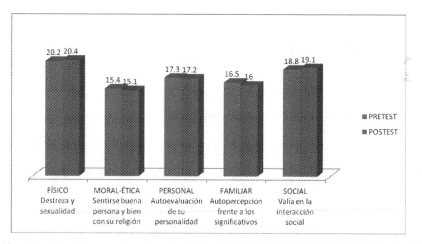

Gráfica No. 16. Comparativo Pre-Post de AUTOCOMPORTAMIENTO Test de Fitts aplicado a los Colaboradores

Esta gráfica muestra que el área de AUTOCOMPORTAMIENTO no presentó diferencias significativas en ninguna de sus dimensiones.

En cuanto al puntaje promedio general obtenido como se muestra en la Tabla No. 45 inserta a continuación, se tiene 17.64 en el PRETEST y 17.56 en el POSTEST; con una diferencia porcentual promedio en general de -0.59 resultando en ambos casos en nivel BAJO según la Tabla No. 39 correspondiente a la Valoración de Puntajes del Manual Afectivo Emocional de la Secretaría de Salud de la República de Nicaragua ubicada en la página 114.

La variación porcentual promedio total es inversa en un -0.59% una diferencia muy pequeña entre puntajes pre-post que disminuyeron de 17.02 a16.88 manteniendo a esta área en el Nivel Bajo según la Tabla No. 39 correspondiente a la Valoración de Puntajes del Manual Afectivo Emocional de la Secretaría de Salud de la República de Nicaragua ubicada en la página 114.

AUTOCOMPORTAMIENTO	PRETEST	POSTEST	Diferencia %
FÍSICA Destreza y Sexualidad	20.2	20.4	0.99
MORAL-ÉTICA Sentirse buena persona y bien con su religión	15.4	15.1	-1.95
PERSONAL Autoevaluación de la propia personalidad	17.3	17.2	-0.58
FAMILIAR Autopercepción frente a los otrs significativos	16.5	16	-3.03
SOCIAL Valía en la interacción social	18.8	19.1	1.60
T o t a l	17.64	17.56	-0.59

Tabla No. 45. Diferencias porcentuales en Pre-Post del área de Autocomportamiento

4.2.2.3.1. Del Autocomportamiento Físico

En cuanto a **destreza y sexualidad**, las medias variaron de 20.2432 a 20.3810 sin diferencia significativa como se muestra en la Tabla No. 44 de la página 124.

La diferencia porcentual promedio presenta un 0.99% de incremento en puntajes de 20.2 a 20.4 en pre y post respectivamente como se puede observar en la Tabla No. 45 de la página 125. Ligero movimiento con cifras que se mantuvieron en nivel Bajo según la Tabla No. 39 correspondiente a la Valoración de Puntajes del Manual Afectivo Emocional de la Secretaría de Salud de la República de Nicaragua ubicada en la página 114.

4.2.2.3.2. Del Autocomportamiento Moral-Ético

La valoración de **sentirse buena persona y satisfecha con su religión**, que mide esta dimensión, presenta medias entre Pretest y Postest de 15.3784 que baja a 15.0952 in presentar diferencia estadísticamente significativa como puede verse en la Tabla No. 44 de la página No. 124.

La diferencia porcentual es negativa -1.95% entre puntajes pre-post que oscilaron de 15.4 a 15.1 como se muestra en la Tabla No. 45 dela página 125, ubicándose ambos valores en el nivel Bajo según la Tabla No. 39 correspondiente a la Valoración de Puntajes del Manual Afectivo Emocional de la Secretaría de Salud de la República de Nicaragua ubicada en la página 117.

4.2.2.3.3. Del Autocomportamiento Personal

Respecto a la **evaluación la propia personalidad** las medias sin diferencia significativa, cambiaron de 17.2703 a 17.2381 como se puede observar en la Tabla No. 44 en la página 126, con un ligero decremento.

La diferencia porcentual negativa es de -0.58% con puntajes en Pre 17.3 y Post 17.2 que se muestran en la Tabla No. 45 ubicada en la página 127, en el nivel Bajo medio según la Tabla No. 39 correspondiente a la Valoración de Puntajes del Manual Afectivo Emocional de la Secretaría de Salud de la República de Nicaragua ubicada en la página 117.

4.2.2.3.4. Del Autocomportamiento Familiar

La **autopercepción en relación a los otros significativos**, fluctuó negativamente de 16.5405 a 16.0000 entre pre y post sin obtener niveles de significancia observable en la Tabla No. 44 de la página 126.

La diferencia porcentual que se muestra en la Tabla No. 45 en la página 127, fue negativa y se ubica en el -3.03% con puntajes de 16.5 a 16 en pre-post, ubicados en el nivel Bajo medio según la Tabla No. 39 correspondiente a la Valoración de Puntajes del Manual Afectivo

Emocional de la Secretaría de Salud de la República de Nicaragua ubicada en la página 117.

4.2.2.3.5. Del Autocomportamiento Social

El **sentido de valía en la interacción social en general**, que mide esta dimensión, acusó medias de 18.8108 19.0952 entre Pre y Postest, sin lograr nivel de significancia como lo muestra la Tabla No. 44 ubicada en la página 126.

La diferencia porcentual promedio fue positiva 1.60% con puntaje Pre de18.8 que subió en el Post a 19.1 que se observa en la Tabla No. 45 en la página 127, se ubica en ambas pruebas en el nivel Regular según la Tabla No. 39 correspondiente a la Valoración de Puntajes del Manual Afectivo Emocional de la Secretaría de Salud de la República de Nicaragua ubicada en la página 117.

4.2.2.4. De la Autocrítica

Por último, la AUTOCRÍTICA referente a la **necesidad de defensividad y de presentar una imagen adecuada de sí mismo** tuvo una disminución que no fué estadísticamente significativa como se muestra en la Tabla No. 46 y la Gráfica No. 17 ubicadas en la página 128, aunque del mismo modo las medias no son iguales como puede observarse. Los datos se vaciaron en el Programa de Excel y están en los Anexos 21 y 22; el comparativo de medias se realizó a través del SPSS *Statistical Package for Social Sciences* en su versión 16.0

Aplicación	N	MEDIA	t	Diferencia Significativa
PRETEST	37	31.5676	0.27	No
POSTEST	21	31.0476		

Tabla No. 46. Comparativos de medias de AUTOCRÍTICAPre-Post para medir el nivel de significancia

Esta Tabla no muestra diferencias significativas

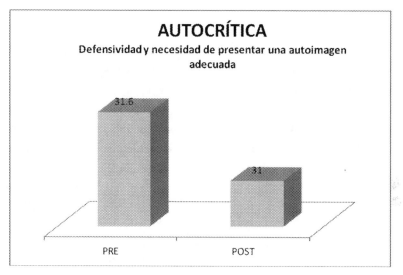

AUTOCRÍTICA
Defensividad y necesidad de presentar una autoimagen
adecuada

Gráfica 17. Comparativo del área de AUTOCRÍTICA Pre y Post del Test de Fitts aplicado a los Colaboradores

Como se observa en esta Gráfica no hay cambios significativos en esta área.

En cuanto a Autocríítica la Tabla No. 47 de la página 129 muestra que en el PRETEST el puntaje promedio es de 31.6 y en el POSTEST es de 31.

La Tabla No. 47 a continuación muestra una diferencia porcentual promedio negativa de -1.90% con puntajes en el pretest de 31.6 y en el postest de 31. Acusa movimiento.

AUTOCRÍTICA	PRETEST	POSTEST	Diferencia %
Necesidad de defensividad y de presentar una autoimagen adecuada	31.6	31	-1.90

Tabla No. 47. Diferencias porcentuales en Pre-Post del área de Autocrítica

4.3. ANÁLISIS DE LOS RESULTADOS

4.3.1. De los Jefes

Se pudo observar que la *Community of Practice* de Wenger se fue convirtiendo en un grupo de encuentro donde los integrantes poco a poco fueron derribando barreras y despojándose de sus máscaras para abrirse a un "yo" más real. El acompañamiento continuo les llevó en 9 meses a un cambio observable en los términos que lo expresa Rogers (2007; 2008; 2009; 2003; 1991; 2000; 2001). Por tal motivo se ha recomendado que se les designe como Comunidades de Conocimiento.

Rogers (2007; 2008; 2009; 2003; 1991; 2000; 2001) indica que los individuos antes de cambiar, entran en un estado de confusión y después, poco a poco van autoaceptándose antes de poder aceptar a los demás. También expresa que al principio del cambio, los sentimientos y significados personales no se reconocen ni se admiten como propios y el individuo advierte muy poco el flujo de vida que hay en su interior. La persona no comunica su sí mismo, sino se refiere a hechos externos. Cuando empieza a sentirse tomado en cuenta, la expresión comienza a fluir pero en temas ajenos al sí mismo, todavía no hay responsabilidad personal en relación a los problemas, sus constructos personales son rígidos y no diferencian significados de sentimientos. Una vez que se sienten plenamente aceptados, las expresiones referentes al sí mismo fluyen más libremente pero todavía les cuesta puntualizar desde su "yo"; no hay aceptación de sentimientos pero poco a poco empiezan a diferenciarlos; aunque se autocritican, empiezan a perder la rigidez, pero siguen con contradicciones en la experiencia y se sienten ineficaces. Cuando ya se sienten comprendidos y aceptados, pueden describir sentimientos más intensos, aunque con desconfianza y temor pero, aunque empiezan a cuestionar sus constructos fundamentales, surgen sentimientos de autorresponsabilidad y sus actitudes empiezan a ser más flexibles y libres en el flujo en la comunicación.

Mientras se incrementa el sentirse totalmente aceptado, recibido y comprendido en sus expresiones, conductas y experiencias, aumenta su flexibilidad, se siente más libre en el fluir organísmico, experimenta más sus sentimientos y los reconoce como propios, desde su "yo" cada vez con mayor frecuencia, siendo capaz de encarar supuestos e incongruencias con mayor claridad y diferenciando la experiencia. Surge entonces la autorresponsabilidad y la comunicación clara y directa desde el interior.

Sin embargo no es un continuo ya que el significado personal tiende a descender en ciertos sectores, sobretodo cuando hay experiencias que se apartan pronunciadamente del sí mismo. Lo importante es que dejan de utilizar las máscaras y empiezan a movilizarse y "aún cuando ignore hacia dónde se dirige, comienza a definir **lo que es** aunque sea primero en términos negativos" (Rogers, 2009).

Con aproximadamente 30 horas en promedio de trabajo continuo en 9 meses y con 17 jefes con una asistencia promedio del 56.3% como se muestra en la Tabla No. 16 y la Gráfica No. 1 que se ubican en la página 91; empezó a observarse un cambio significativo en su comportamiento que fue percibido por sus Colaboradores y al sentir condiciones diferentes en su trato a través del diálogo apreciativo centrado en la persona en conversaciones cara a cara, lo reflejaron en el Cuestionario de Medición del Enfoque Centrado en la Persona (Anexo 2).

Los cambios en la percepción de Empatía sentida por los Colaboradores de parte de us Jefes, demuestra que la Comunidad de Diálogo Apreciativo Centrado en la Persona (*Community of Practice*) incidió favorablemente en facilitar el movimiento de la actitud y comportamiento de los coordinadores hacia sus colaboradores haciéndolos más sensibles al mundo interno de ellos cuando el propio lo fue para sí mismos y entonces, empezaron a cambiar y desarrollarse.

La resultados comparativos en cuanto a la percepción de la Consideración Positiva que no fueron estadísticamente significativos muestra que quizá en este ámbito los Coordinadores requieran más tiempo para provocar que el desarrollo y el cambio ocurran y a pesar de haber iniciado un movimiento muy positivo en sus Colaboradores debido a la transformación en sus propias actitudes, requieren ser más afectuosos, positivos y aceptantes independientemente del comportamiento que ellos muestren, confiando en **su** potencialidad y permitiendo que expresen cualquier tipo de sentimiento – positivo o negativo –, respetándolos desde **su** individualidad (la del otro y no la que ellos quisieran ver) así que es probable que los jefes todavía estén en este proceso con ellos mismos que sin lugar a dudas, es uno de los más difíciles.

Por lo que respecta a la Aceptación Incondicional sentida, cabe el análisis de que en la constante interrelación con los Coordinadores y el trabajo en el uso del diálogo apreciativo centrado en la persona en conversaciones cara a cara jefe-colaborador, con la oportunidad de practicar y manifestar sus dudas de cómo confrontar apreciativamente, enfrentar sus temores y buscar recovecos para la realimentación, pudieron percibirse cada vez más seguros y al no recibir juicios ni evaluaciones de los facilitadores, proyectaron este modelo con sus colaboradores iniciando el cambio y desarrollo constructivos (Lafarga, et. al., 2007). Cabe recordar lo que dicen los autores en desarrollo humano acerca de que antes de lograr una integración satisfactoria, hay un estado de confusión (Gómez del Campo, 1975).

4.3.2. De los Colaboradores

4.3.2.1. Del Cuestionario de Medición del Enfoque Centrado en la persona

En el Cuestionario de Medición del Enfoque Centrado en la Persona comparando los resultados porcentuales obtenidos en cuanto a la percepción reflejada por lo colaboradores se observó en el PRETEST que se muestra en la Tabla 17 en la página 93 - que un 70% se sentía tomado en cuenta sin evaluaciones ni juicios, desde su propia persona mientras 30% lo solicitaba; 79% expresaba tener un coordinador que realmente se interesaba en él como persona mostrándose cálido, expresivo y respetuoso de su individualidad, lo que le hacía sentirse seguro y en autocontrol, aunque 21% pedía que esto sucediera; 85% recibía aprecio por el simple hecho de ser quién es, sentimientos positivos y confirmación de su potencialidad como persona, mientras 15% no; por último, un 66% percibía a su jefe con una actitud auténtica, coherente y confiablemente real que favorecía su autoestima y estaba recibiendo el respeto requerido para establecer una comunicación sana, práctica colaborativa y autorresponsabilidad, cuando 34% solicitaba que su superior fuera más congruente. En el POSTEST que se muestra en la Tabla No.

126

18 de la página 93 - 8.3% afirmó sentir un clima libre de juicios y evaluaciones mientras 16.7% todavía lo esperaba; 81.7% percibió un real interés de parte de sus jefes aunque 18.3% no; 79.6% contaba con el aprecio y confirmación de su potencialidad como persona pero 20.4% lo seguía requiriendo; por último, 75.2% podía ver una actitud auténtica de parte de su jefe, aunque un 24.8% pedía más congruencia.

En el comparativo de EMPATÍA que muestra la Tabla No. 24 y se observa en la Gráfica No 4 que se ubican en la página 99 -, la percepción favorable (TDA y TA), el 70% de opiniones favorables del Pretest, subió a 83.3% en el Postest y las neutrales (NAND), en Desacuerdo (D) y Total Desacuerdo (TD) disminuyeron pasando de 30% a 16.7% en el Postest

En cuanto a la CONSIDERACIÓN POSITIVA el comparativo inserto en la Tabla No. 28 ubicado en la página 104 y la Gráfica No. 7 en la página 105, muestran que en el Pretest obtuvo opiniones del 79% hacia la parte positiva (TA y DA) y 21% en la parte neutral (NAND) y negativa (D y TD) y en el Postest, se incrementó a 81.7% la parte favorable y bajó a 18.3% la desfavorable.

En la ACEPTACIÓN INCONDICIONAL el comparativo que explica la Tabla No. 32 de la página 109 y la Gráfica 10 ubicada en la 110, muestran un 86% de opiniones en la zona de acuerdo (TA y A) en el Pretest, bajó a 79.6% y el mismo comportamiento tuvo la parte favorable incrementándose de 15% en el Pretest al 20.4% en el Postest.

Por último, en el comparativo de la Tabla No. 36 en la página 114 y la Gráfica No. 13 de la 115 muestran las variaciones en la CONGRUENCIA, con las opiniones favorables (TA y DA) subieron de 66% en el Pretest a 75.2 % en el Postest y en el caso de la zona confusa y negativa (NAND, D y TD) bajó del 34% de opiniones del Pretest a 24.8% en el Postest Cabe hacer mención que en todos los casos de opiniones en el nivel Totalmente en Desacuerdo (TD)..

Es notable que en el Postest, en ninguna de las 4 variables se encuentran opiniones en el nivel de Total Desacuerdo como lo muestra la Tabla No. 18 en la página 93.

En la suma de porcentajes por niveles de opinión como lo muestra la Tabla No. 23 y se representa en la Gráfica No. 3 en la página 98 se observa un incremento de 45.4% en el nivel Totalmente de Acuerdo (TA); con un decremento en las opiniones: De Acuerdo (DA) en -14.2%, Ni de Acuerdo Ni en Desacuerdo (NAND) en -22.4%, en Desacuerdo -65% y 7.8% y en Total Desacuerdo (TD) -100% y estos datos porcentuales así como los de la prueba t ubicados en los comparativos de medias por pares de preguntas ubicados en las Tablas No. 22 de la página 96; Tabla No. 26 en la página 100; Tabla No. 30 en la 105 y la Tabla No. 34 inserta en la 110; correspondientes a los ítems de medición de la percepción de la Empatía, Consideración Positiva, Apoyo Incondicional y Congruencia, respectiva; marcan claramente que el cambio se dio.

4.3.2.1.1. En cuanto a la Empatía

En el análisis de Empatía que considera tener muy claro el mundo del otro, ver las cosas desde **su punto de vista**, tomar en cuenta **sus pensamientos, sentimientos y emociones**, comprender **sus acciones**, sin evaluaciones ni juicios. Conocer al otro desde **su propia experiencia**, sentir **su mundo** privado como si fuera propio, sin perder la cualidad del "como si"..., pero sin mezclarlos y saber lo que lo que el otro quiere decir y que el tono de voz se lo ratifique para que entonces, empiece a surgir la autorresponsabilidad (Lafarga, *et al*, 2007), se observó un cambio altamente significativo en sentir que **sus pensamientos, sentimientos y emociones fueron más tomados en cuenta** (.02) y; con movimiento en cuanto que sus jefes **empezaron a ponerse más "en sus zapatos"** lo que **les hizo sentirse más confiados** (.08) y **comprendió más sus acciones** (.08). En la Tabla No. 23 y la Gráfica No. 3 de la página 97, puede observarse que en porcentajes la opinión Totalmente de Acuerdo se incrementó en 45.4%, mientras que en los demás niveles hubo decremento: De Acuerdo -14.2%, Ni de Acuerdo Ni en Desacuerdo -22.4%, en Desacuerdo - 65% y Total Desacuerdo - 100%

4.3.2.1.2. En cuanto a la Consideración Positiva

Respecto al análisis de los resultados en cuanto a la Consideración Positiva que significa mostrar un interés real por el otro que genera sentimientos adecuados, propicia la apertura para el conocimiento real, promueve la confianza y afecto, favorece un adecuado clima laboral por la expresión emocional cálida, expresiva y respetuosa de la propia individualidad y la del otro a través de un interés no posesivo que facilita la autorrealización, originalidad, seguridad y autocontrol, en un clima de confianza con relaciones cara a cara (Lafarga, et. al., 2007), no hubo cambios significativos mostrados por la prueba t; sin embargo hay movimiento. En la Tabla No. 27 y Gráfica No. 6 de la página 103 se observa en porcentajes, la opinión en Totalmente de Acuerdo bajó - 4.9% mientras subieron la de Acuerdo 15.6%. y Ni de Acuerdo Ni en Desacuerdo 10.8%. En Desacuerdo la opinión se decremento en - 22% y la de Total Desacuerdo - 100% con vacío de opiniones en este apartado.

4.3.2.1.3. En cuanto a la Aceptación Incondicional

El análisis de resultados en cuanto a la Aceptación Incondicional que es aprender a apreciar y valorar al otro mostrando sensibilidad ante sus actitudes en forma cálida y cuidadosa, comunicándole agrado, interés y respeto, deseando entenderlo sin prejuicios y respetando quien él o ella es – dando libertad a su ser, permitiéndole ser diferente y romper barreras al expresar sentimientos positivos, porque la relación y los beneficios, son mutuos y se confirma la potencialidad del otro y su capacidad de desarrollarse y evolucionar creativamente al recibir una actitud más cálida, expresiva y respetuosa de su individualidad (Rogers, 2003), se logra un cambio significativo en la percepción por parte de los Colaboradores quienes empezaron a sentir **un clima más libre de juicios y barreras**. En la Tabla No. 31 y la Gráfica 8 de la página 108 puede verse que los porcentajes de opinión muestran un cambio favorable de 24.9% en Totalmente de Acuerdo; una disminución de - 55% en estar De Acuerdo; con incrementos de 146.7% en Ni de Acuerdo Ni en Desacuerdo (movimiento a zona de confusión) y 40% en Desacuerdo; sin embargo en Total Desacuerdo - 100% de decremento con ninguna opinión en este nivel.

4.3.2.1.4. En cuanto a la Congruencia

Por último, ala analizar los cambios en la Congruencia que se refiere a Mostrar actitudes y sentimientos auténticos en correspondencia con sus palabras, promueve la integración y unificación; desarrolla la facultad creadora; estimula el compromiso y la responsabilidad y; establecen relaciones genuinas que fomentan la autoestima y el respeto, al mostrarse cual se es – confiablemente real para favorecer la comunicación transparente, abierta, espontánea, clara y franca (Rogers, 2009), los colaboradores mostraron sentir con elevado nivel de significancia que **sus ideas creativas fueron tomadas en cuenta** (.03) y **empezaron a mostrarse como son propiciando buenas relaciones** (práctica colaborativa) y autorresponsabilidad (resultados) (.09). En la Tabla No. 35 y la Gráfica No. 12 de la página 113, se observa que en cuanto a porcentajes se obtuvo una alza del 27.6% en las opiniones en Totalmente de Acuerdo; con disminución el las de De Acuerdo en -3.4%; 10% de incremento en Ni de Acuerdo Ni en Desacuerdo; baja del -44.6% en la de Desacuerdo y de -100% en Totalmente en Desacuerdo; nuevamente sin opiniones en este rango.

4.3.2.2. Del Test de Autoconcepto de Fitts

4.3.2.2.1. En cuanto al área de Autoconcepto

En el AUTOCONCEPTO de los Colaboradores hubo un cambio significativo inverso (-.09) en la visión del cuerpo y del estado de salud. Sin embargo, hubo movimiento y no datos fijos; al respecto Gómez del Campo (1977) comenta que aunque se muestra una mayor inconformidad con el Autoconcepto Físico aumenta el Personal, lo que indica que hay un movimiento hacia el yo interno y se mantienen expectativas elevadas respecto al sí mismo.

Con referencia a este punto, Rogers (2009) dice que al iniciarse el movimiento, la persona empieza a escucharse a sí misma y a captar los mensajes y significados de sus propias **reacciones fisiológicas.** "Sabe que sus propias reacciones, experiencias internas y los mensajes de sus sentidos y vísceras son amistosos y desea acercarse a sus fuentes de información más íntimas".

Aunque al parecer, se pronunció la imagen inadecuada de sí mismos, la defensividad gano décimas y hay baja autoaceptación, lo que les impide aceptar a otros como son y aislarse en sus relaciones interpersonales manteniendo apreciaciones poco realistas de su entorno y afectando su capacidad de planeación, juicio y sentido común. Gómez del Campo (1975) en su estudio del Autoconcepto también encontró esta disminución en el Postest y argumentó que se debe a la tendencia a mantener expectativas de comportamiento que se encuentran por encima del sí mismo y esto hace decrecer la Autoaceptación como una tendencia hacia un mayor equilibrio.

También continuaron percibiéndose en desventaja ante otros y desaprovechando su potencial al evitar mostrar una capacidad adecuada y la baja satisfacción consigo mismos, ocasiona un sentimiento de desvalorización y baja autoconfianza que les lleva a actuar con insatisfacción, minusvalía y desconfianza hacia su entorno y otras personas. Cabe hacer mención que Gómez del Campo (1975) apunta que lo que califican en bajo puntaje son los que más cambian.

Además, sentirse inadecuados, distancia la percepción de la realidad y los vuelve rígidos y resistentes al cambio.

Por ello, se requiere trabajar fuertemente con los colaboradores en un proceso de organización interna que les permita cambiar sus propias percepciones hacia una realidad de mayor satisfacción con su sí mismo.

Rogers (2009), expresa que al empezar a percibir mayor libertad y seguridad en una relación comprensiva, la persona define sus metas en términos **negativos** al descubrir hacia dónde no desea moverse y deja de esforzarse por agradar a los demás para elegir **paulatinamente** lo que desea hasta lograr la autorresponsabilidad que al principio, le hace sentirse vulnerable y sin apoyo; empieza a **ser un proceso** (*on becoming*), llegando a **ser quién se es**.

4.3.2.2.2. En cuanto al área de Autoestima

En cuanto a la AUTOESTIMA hubo un decremento altamente significativo -.03 en la percepción de su apariencia y; permanecieron bajas sus creencias, religión y relación con Dios; también manifestaron sentirse regular delante de sus más cercanos e inadecuados delante de otros. Para Gómez del Campo (1975) hay una fuerte correlación entre baja Autoestima y bajo Autoconcepto Social y si las dimensiones Física y Personal son bajas, se afectan la Moral-Ética, la Familiar y la Social.

Rogers (2009) explica también que cuando el cambio inicia, ante la libertad y seguridad que les proporciona una relación comprensiva, las personas dejan de esforzarse por agradar a los demás y no ocultan sus sentimientos a sí mismos o a sus otros significativos. Empiezan a enfrentarse a eso que "deberían ser" que se les ha impuesto desde afuera y empiezan a valorar sus **propios** propósitos, metas y creencias.

4.3.2.2.3. En cuanto al Autocomportamiento

En el AUTOCOMPORTAMIENTO no hubo una mejor valoración de su destreza ni de su sexualidad. En el aspecto ético-moral siguieron en el cuestionamiento de si serán o no buenas personas y si estarán respondiendo; percibieron que están actuando bien delante de sus otros significativos y no consideraron reaccionar con valía en la interacción social.

Algo que hay que tomar en cuenta es que los puntajes que se mantienen fijos son áreas de conflicto y que hay que considerar los movimientos aunque sean estadísticamente no significativos (Gómez del Campo, 1975). Todos los resultados arrojan movimientos.

Rogers (2009) dice que el movimiento se crea y la persona empieza a **reorientarse** para avanzar a la autonomía y decide las maneras de comportarse que sean **significativas para sí misma** y se acerca con cautela y temor, al principio casi sin confianza alguna, hasta que llega a ser autorresponsable.

4.3.2.2.4. En cuanto a la Autocrítica

La Autocrítica sigue presentando defensividad y necesidad de causar una buena impresión. Sin embargo aunque estadísticamente no hay una diferencia significativa, las medias no resultan ser iguales y se nota un descenso que es observable en la - aunque sólo en 6 décimas como se observa gráficamente, hay un movimiento hacia la disminución como puede observarse en la Gráfica No. 17 de la página 130.

4.4. DISCUSIÓN DE RESULTADOS

Insertas en el nuevo milenio, las organizaciones se enfrentan a un nuevo paradigma – centrarse en el Persona – una propuesta que Carl Ransom Rogers (1902-1987) desarrolló, investigó, documentó, representó y enseñó, desde 1951 hasta la década de los años ochenta que lo vió morir. Su libro *El Proceso de Convertirse en Persona* (reeditado en 2009), recopila su trabajo de 1951 a 1961 y sus ideas, están vigentes en 2010.

En su artículo *The Promise of American Industry* escrito en 1968, expresa que en el año 2000 deben ser ampliamente reconocidos en la Industria, el aprecio que requieren las personas, la necesidad de las relaciones interpersonales y la importancia de una comunicación abierta. Insiste en que la eficacia organizacional sólo se logrará en comunidades de diálogo donde las personas puedan intercambiar información libremente – cara a cara – y formar redes de colaboración interdepartamentales y multidisciplinarias, compartiendo las mejores prácticas que reforzarán en capital intelectual creando ventaja competitiva (Rogers, 2000).

Rogers (1902-1987) podía ver desde 1968 un futuro donde las relaciones interpersonales prevalecen creando lazos de trabajo colaborativo fundamentados en una comunicación efectiva y productiva que permite dar resultados.

Cada persona valorando a la otra, reconociendo que sólo a través de comunicar el conocimiento se puede crear práctica colaborativa entre todos los miembros de la organización para generar innovación y progreso; así que los directivos, se verán obligados a reconocer que promoviendo el crecimiento y la autoactualización constante y permanente de la Persona, se dará el desarrollo organizacional y que la comunicación es la vía de la productividad sana (resultados) (Rogers, 2000).

Esta Investigación se centra en la convicción de Car Rogers y como él mismo sugiere mencionar, queda sumada a las teorías e investigaciones de Eugene Gendlin, William Kirtne, Fred Zimring, Gordon Allport, Abraham Maslow, Rollo May, Otto Rank, Wilhelm Reich, Martin Buber, Martin Heiddeger, Sören Kierkegaard y Edmund Husserl, entre otros autores interesados en que las personas y en los grupos, se facilite la consciencia hacia la madurez para establecer relaciones sanas y productivas en la presencia de las cuatro condiciones "necesarias y suficientes": empatía, consideración positiva, aceptación incondicional y congruencia que llevan a sentirse aceptado y en ese proceso "organísmico" se acepta a los otros y se abre la comunicación que permite la práctica colaborativa y los resultados positivos (Rogers, 2009).

Como lo propone Martínez (2008) el Enfoque Centrado en la Persona nace y se desarrolla asumiendo una orientación de la naturaleza del conocimiento y de la ciencia, con una lógica que busca dar cabida a una auténtica y más empírica realidad del mundo en que se vive e interactúa, desde una visión sistémica y holística integrada que permita ver a la persona como un todo. Esta nueva forma de ver las cosas, insta al diálogo como condición indispensable para una visión más plena de las realidades que establece un acercamiento a la vida cotidiana en el diario convivir.

Así tal como lo diría López (1998), sólo en el Encuentro cara a cara, se puede dar el juego dialógico que permitirá la compenetración plena que genera la creatividad como una técnica de construcción productiva y generadora.

Basándose en estas propuestas teóricas, esta Investigación encuentra que el Diálogo Apreciativo Centrado en la Persona en Conversaciones Cara a Cara Jefe-Colaborador resulta un modelo generador de comunicación, práctica colaborativa y resultados que se facilita a través de la empatía, consideración positiva, aceptación incondicional y congruencia que al incidir en el Autoconcepto propicia la autoaceptación y mueve a aceptar a otros.

Así también, Mayfield (et.al, 2009) explican que la motivación está asociada al tipo de comportamiento y prácticas de comunicación explícita e implícita que el líder utiliza con sus colaboradores.

Resulta pues que esta investigación encuentra que facilitar 10 Comunidades de Diálogo con 30 horas en promedio - de Septiembre 2009 a Junio 2010 – estableciendo un contacto profundo con 18 jefes en relación directa con 3 expertos que facilitaron ese clima de empatía, consideración positiva, aceptación incondicional y congruencia; acompañándolos en el uso del diálogo y también de la confrontación apreciativa, enfrentando los temores, yendo por los recovecos de la realimentación y escuchando activamente, se les estimuló y guió a interactuar frecuentemente con sus colaboradores, lo que les permitió ir encontrándose primero a sí mismos y aceptándose, para poder abrirse a los otros.

Es como Rogers (2009; 2008; 2007; 2003; 1991; 2000; 2001) que habla de sí mismo diciendo: "Cuando trato de percibirme a mí mismo y observar la experiencia que en mí se verifica, y cuánto más me esfuerzo por extender esa misma actitud perceptiva hacia otra persona, siento más respeto por los complejos procesos de la vida. De esta manera va desapareciendo de mí, cualquier tendencia a corregir las cosas, fijar objetivos, moldear a la gente o manejarla y encauzarla en la dirección que de otro modo querría imponerles. Cuanto más comprendido y aceptado se siente el individuo, más fácil le resulta abandonar los mecanismos de defensa con que ha encarado la vida hasta ese momento y comienza a avanzar hacia su propia maduración. El cambio sólo puede surgir de la experiencia surgida en una relación. Si puedo crear un ciero tipo de relación, la otra persona descubrirá en sí mismo su capacidad de utilizarla para su propia maduración. Esas relaciones, causan en las personas modificaciones profundas y significativas. Cambia su Autoconcepto y se percibe de una manera más realista. Las afirmaciones formuladas se basan en investigaciones detalladas y pruebas objetivas y es una realidad que el desarrollo se promueve de persona a persona y la calidad de la interacción, puede ser evaluada aunque se trate de una muestra pequeña. El cambio- este proceso de *on becoming* - para ser iniciado, la persona primero debe sentirse plenamente apreciada y sucede por etapas – desde sentirse ajeno hasta encontrarse a sí mismo y ser quien ha sido llamado a ser".

Justo así, sucede en las Comunidades de Diálogo, se va observando un proceso de desarrollo de la confianza interna y externa. Al principio, los coordinadores expresaban sentirse incapaces de afrontar a colaboradores conflictivos y manifestaban su temor de tomar decisiones que pudieran ser mal entendidas o llevarles incluso a una sanción. Sin embargo, en el transcurso de la sesiones, se fue dando el cambio en sus actitudes y fueron reflejando una mayor soltura al referirse a su "yo" siendo más autorresponsables. En la última Comunidad - el 30 de Junio – cuando se les realimentó respecto a los cambios encontrados en la percepción de sus colaboradores respecto a la Empatía, Consideración Positiva, Apoyo Incondicional y Congruencia sentidas de parte de ellos en su relación y diálogo apreciativo centrado en la persona en sus conversaciones cara a cara, los jefes también manifestaron sentirse más cómodos con la presencia de sus colaboradores y que obviamente estaban teniendo más oportunidad de interacción en condiciones más igualitarias permitiéndose ser realimentados y hacerlos partícipes de los cambios y decisiones. También expresaron que el estar más cerca de sus colaboradores, les permitió un trato más amigable y familiar que propició mayor interés en sus actividades diarias y que ellos sí percibieron incremento y mejora en la comunicación, práctica colaborativa y resultados, en sus áreas de trabajo.

También hay descubrimientos más recientes que han demostrado que la relación positiva entre supervisor y empleado, influye significativamente en la productividad y esta interacción es más importante que cualquier cambio en las condiciones ambientales. Sólo los jefes capaces de influenciar las actitudes de sus empleados, determinan el entusiasmo, compromiso y ejecución en las organizaciones (Seligman, et.al, 2000).

También hay evidencias acerca de que una misma experiencia puede ser percibida y vivida con una vasta gama de matices diferentes y aunque emanen de un mismo equipo de trabajo, resulta imposible que sus pensamientos o métodos sean homogéneos. Así que preguntándole a cada persona acerca de los recuerdos positivos vividos desde su grupo de referencia, se puede visualizar y construir la historia de una cultura. Si un equipo sólo se limita a acatar reglas, supuestos culturales y objetivos de los que no se siente parte activa de inmediato, surgen problemas de comunicación, desintegración y falta de consenso (Cooperrider, et.al, 2000).

En esta Investigación sobre la incidencia en el Autoconcepto a partir del uso del diálogo apreciativo centrado en la persona en conversaciones cara a cara a través del diseño de Investigación-Acción con grupos de discusión, se encontró que las Comunidades movilizaron la actitud y comportamiento de los coordinadores hacia sus colaboradores haciéndolos más sensibles al mundo interno de ellos cuando el propio lo fue para sí mismos y entonces, empezaron a cambiar y desarrollarse. También les dio la oportunidad de practicar el diálogo apreciativo y les permitió manifestar con apertura sus necesidades como: confrontar, enfrentar sus temores y buscar recovecos para la realimentación; percibiéndose cada vez más seguros en un clima sin juicios ni evaluaciones que inició un cambio y desarrollo constructivos y fue preguntándoles a cada uno sus experiencias que se empezó a crear esa conciencia de cambio y las evidencias estaban en los resultados pre y post del Test de Autoconcepto de Fitts y del Cuestionario de Medición del Enfoque Centrado en la Persona donde se pueden evidenciar estos movimientos orientados al desarrollo y crecimiento de Personas.

De la misma forma Wenger (2002), encontró en su investigación que en las Comunidades de Práctica las personas se comprometen dentro de un proceso de aprendizaje de pares trabajando en situaciones que les son comunes y se reúnen para compartir experiencias y lograr una mejora continua a través de una identidad de dominio compartido donde existe un expertise e intereses comunes; intercambian información valiosa y recursos, experiencias, historias y herramientas, en una interacción fundamentada en fuertes lazos interpersonales. Un sinúmero de personas y organizaciones están usando Comunidades de Práctica como herramienta de mejora con excelentes resultados.

Al respecto cabe mencionar acerca de los cambios evidentes que se promueven en una Comunidad de Diálogo, se va creando un clima de intensa confianza, un estado de empatía permanente al vivir "como si fueran suyas" las experiencias de los otros; una evidente aceptación incondicional manifestada en un profundo respeto por los pensamientos, sentimientos y emociones del otro, permitiéndole expresar lo que necesita en ese momento y brindándole la oportunidad de una escucha activa que va intensificando el sentirse bien recibido y apreciado; entonces la confianza permite cada vez ser más quien realmente se es y despojarse de las máscaras y esta actitud de congruencia se permea en las áreas de trabajo permitiendo el sano desarrollo de los colaboradores que es evidente que percibieron el cambio que tuvo lugar en sus jefes.

Por su parte, Arias (2000), hace una distinción entre el contrato de trabajo legal y el psicológico y expresa que mientras una persona puede estar obligada formalmente a desempeñar una labor dentro de una organización, no necesariamente se liga afectivamente a la misma. Puede trabajar a disgusto y sentir desprecio hacia la organización, esperándose un rendimiento menor así como otras posibles consecuencias: estrés, conflictos obrero-patronales, ausentismo y abandono de la organización, entre otras cosas y se presenta la baja productividad que genera altos costos.

Es evidente que ese clima de autoaceptación que se genera en la Comunidad de Diálogo se traduce en una percepción mejorada del sí mismo, del entorno y de la relación con los otros significativos; por este motivo esta Investigación propone que es en la relación jefe colaborador basada en la empatía, consideración positiva, aceptación incondicional y congruencia que al incidir en el Autoconcepto, facilita esa aceptación generalizada – del sí mismo, de los otros y del entorno - que incrementa la comunicación, práctica colaborativa y resultados positivos (Rogers, 2007; 2008; 2009; 2003; 1991; 2000; 2001).

Por ello los resultados del estudio de Top Companies (2009) manifestaban que las personas estaban pidiendo congruencia, coherencia y cercanía con sus jefes en relaciones más equitativas. Estaban proyectando al exterior la inconformidad interna.

Al ser el diálogo y las redes de colaboración, una estrategia explícita, se pensó que las conversaciones cara a cara generarían los espacios de expresión y reconocimiento que los colaboradores estaban buscando y resulta que en el registro de la percepción de su sentir respecto a la empatía, consideración positiva, aceptación incondicional y congruencia a través del Cuestionario de Medición del Enfoque Centrado en la persona, los colaboradores expresan que después de la Comunidad de Diálogo en la que participaron sus superiores, ellos manifiestan que **sus pensamientos, sentimientos y emociones son tomados en cuenta** con un nivel de significancia de 0.02 que constata el cambio con un 98% de certeza y que **pone en práctica sus ideas creativas** en un nivel de significancia de 0.03 con 97% de confiabilidad, ambos ítems referentes a la Empatía y Congruencia – dos temas vitales en el proceso de satisfacción e identidad organizacionales. Teniendo también movimientos dignos de tomar en cuenta en sentir que **se pone en mis zapatos y me siento confiado**, así como **comprende mis acciones**; ambos en 0.08 con 92% de certeza; en 0.09 **como todos se muestran como son, hay buenas relaciones y responsabilidad personal** con 91% de certeza y en 0.10 en **percibo un clima libre de prejuicios y barreras** con un 90% de fiabilidad; estos movimientos importantes que sin ser altamente significativos muestran transformaciones en la percepción de la Empatía nuevamente, la Aceptación Incondicional y la Congruencia.

Cabe mencionar que aunque hubo cambios evidentes, todavía hay que trabajar en la expresión emocional cálida, expresiva y respetuosa de los coordinadores hacia la propia individualidad de sus colaboradores, independientemente del comportamiento que muestren y permitirles que expresen sus sentimientos − positivos o negativos − haciéndoles sentir un verdadero interés por su individualidad y confiando que su propio potencial, les permitirá ser autorresponsables y dar resultados positivos. Ésta es la actitud de una Consideración Positiva que cabe recalcar - no mostró cambios significativos.

Sin embargo, ninguna media entre pre y post, fue igual − y el movimiento es evidente. Aquí cabe mencionar la investigación de Brief (*et.al*, 2002) quienes afirman que líderes entusiastas, activos y llenos de energía, energizan a sus seguidores, igual que los que son hostiles y estresantes los bloquean. Por ello se considera que los líderes son los responsables de la satisfacción de sus colaboradores y concluyen que un líder orientado al bien común, hará lo posible porque todos los que le rodean crezcan y se desarrollen − con esperanza y aliento, minimizando las diferencias e integrándolas sin rechazos.

Maslow (1993) comenta que la gente hostil está buscando pertenecer, ser reconocida y tomada en cuenta y las investigaciones recientes demuestran que hay una alta correlación entre resistencia al cambio y baja autoestima (Luthans, 2008)

Por eso Branden (2005) comenta que la Autoestima es la salud de la mente; ser autoaceptante no significa sin deseo de cambio, mejora o crecimiento; la autoaceptación, no es complacencia y sin autoaceptación, no se dará el cambio. Debe aceptarse el hecho de que los pensamientos indeseables, ocurren para aprender de ellos; las dolorosas emociones, pueden resolverse y crecer más allá de ellas. Actuar inconscientemente, lleva a actuar con consciencia. "La turbulencia de nuestros tiempos, exige un self fortalecido, con un claro sentido de identidad, competencia y valor. Es un momento peligroso en la historia, el no saber quién se es o no confiar en sí mismo."

Dando respuesta a estas posturas con los resultados de esta Investigación en cuanto al Autoconcepto se observan cambios en la dimensión Física correspondiente a la **visión del cuerpo y estado**

de salud observándose un movimiento en -0.09 con una tendencia inversa en -91% que es consistente en los resultados encontrados por Gómez del Campo (1975) quien explica en su investigación que al principio del cambio, la persona entra en un estado de confusión antes de la reintegración organísmica y que Rogers (2009) explica claramente que al iniciarse el movimiento, la persona empieza a escucharse a sí misma y a captar los mensajes y significados de sus propias **reacciones fisiológicas.** "Sabe que sus propias reacciones, experiencias internas y los mensajes de sus sentidos y vísceras son amistosos y desea acercarse a sus fuentes de información más íntimas". Entonces los colaboradores muestran una tendencia al autoconocimiento y empiezan a cuestionarse su sentir respecto a sí mismos.

Por otra parte en la Autoestima, también en la dimensión física correspondiente a la **visión de la propia apariencia** determinada por la se observa un movimiento altamente significativo en -0.03 con -97% de certeza y también es en dirección de un decremento considerable, también consistente con los hallazgos de Gómez del Campo (1975) quien explica que la persona empieza a percibirse de forma más realista empezando a aceptar quien realmente es y se aleja de un yo ideal para acercarse al real - que todavía percibe "ajeno" y aquí Rogers (2009) fundamenta las diversas etapas por las que cada individuo – dolorosamente - pasa en en el proceso de convertirse en Persona, porque al empezar a percibir mayor libertad y seguridad en una relación comprensiva, comienza por denir sus metas en términos **negativos** al descubrir hacia dónde **no** desean moverse y dejan de esforzarse por agradar a los demás para elegir **paulatinamente** lo que desean hasta lograr la autorresponsabilidad que al principio, les hace sentirse vulnerables y sin apoyo; empiezan a **ser un proceso** (*on becoming*) llegando finalmente a **ser quienes realmente son.**

Los resultados negativos son muestra de que el cambio se ha iniciado y al respecto Rogers (2009) comenta que la reorganización del autoconceptp siempre implica movimiento y que al principio del proceso, el significado personal tiende a descender en ciertos sectores, sobretodo cuando hay experiencias que se apartan pronunciadamente del sí mismo. Lo importante es que se deja de utilizar las máscaras y se empieza la movilización "aún cuando al principio se ignore hacia dónde dirigirse; pimero se comienza a definir **lo que se es** aunque sea primero en términos negativos".

Esta investigación permitió descubrir que se tiene que intensificar el trabajo con los colaboradores, facilitándoles comportarse en las formas que sean **significativas para sí mismos** para que elijan la autorresponsabilidad y empiecen a **ser un proceso** (*on becoming*), llegando a **ser quiénes son**. Así mismo se les deben proporcionar espacios que les brinden libertad y seguridad y facilitarles el acompañamiento de una relación comprensiva, para que se abran a sus sentimientos hacia sí mismos y hacia sus otros significativos. También se les debe hacer sentir que se confía en su propio potencial para que valoren por sí mismos sus propósitos, metas y creencias. Salgado (2006) concluyó también en su estudio que los jefes tienden a desconfiar de la capacidad de sus colaboradores y se ocupan de lo operativo cuando debieran enfocarse a lo estratégico y Torres (2006) encontró lo importante que es para el colaborador el reconocimiento y aprecio del jefe.

Se confía en que crear más Comunidades de Diálogo puede generar un cambio organizacional sistémico porque las personas al sentirse aceptadas y valoradas, mostrarán mayor apertura; aceptarán más a los demás y a su contexto; incrementarán significativamente su sentido de capacidad; reconocerán su propio potencial ante el entorno; reforzarán su sentido de valía al percibir más sanamente sus áreas: física, ética-moral, personal, familiar y social y entonces, estarán totalmente dispuestas a la comunicación, práctica colaborativa y logro de resultados positivos.

CONCLUSIONES

En cuanto a las Variables de investigación:

Hi1 El diálogo apreciativo centrado en la persona en conversaciones cara a cara facilitado por el jefe, incrementa la percepción de empatìa, apoyo incondicional, consideración positiva y congruencia en los colaboradores.

Hi2 El diálogo apreciativo centrado en la persona en conversaciones cara a cara facilitado por el jefe, incide en el Autoconcepto del colaborador y mejora la comunicación, práctica colaborativa y resultados.

Ho1 El diálogo apreciativo centrado en la persona en conversaciones cara a cara facilitado por el jefe, incrementa la percepción de empatìa, apoyo incondicional, consideración positiva y congruencia en los colaboradores.

Ho2 El diálogo apreciativo centrado en la persona en conversaciones cara a cara facilitado por el jefe, no incide en el Autoconcepto del colaborador y no mejora la comunicación, práctica colaborativa, ni resultados.

Se encuentra que la Hipótesis de Investigación 1 fue aceptada ya que claramente se observan los cambios en relación a la percepción sentida por los colaboradores de parte de sus jefes, antes y después de la intervención de ellos en la Comunidad de Diálogo Apreciativo Centrado en la Persona.

Hubo cambios significativos en la percepción de los colaboradores respecto a la EMPATÍA así que la Comunidad de Diálogo Apreciativo Centrado en la Persona cumplió con el requisito de que los jefes cambiaran sus acciones en cuanto a:

- Tener claro el mundo del otro, tomar en cuenta **sus pensamientos, sentimientos y emociones**, comprender **sus acciones**, sin evaluaciones ni juicios. Conocer a su colaborador desde **su propia experiencia**, sentir **su mundo** privado como si fuera propio, sin perder la cualidad del "como si"…, pero sin mezclarlos y saber lo que el otro quiere decir y que el tono de voz se lo ratifique para que entonces, empiece a ser **autorresponsable** (Lafarga, *et.al*, 2007).

En el ámbito de la ACEPTACIÓN INCONDICIONAL, empezando a:

- Entenderlo sin prejuicios y respetando quien él o ella es – dando libertad a su ser, permitiéndole ser diferente y romper barreras al expresar sentimientos positivos, porque la relación y los beneficios, son mutuos y se confirma la potencialidad del otro y su capacidad de desarrollarse y evolucionar creativamente al recibir una actitud más cálida, expresiva y respetuosa de su individualidad (Rogers, 2003).

Por lo que respecta a la CONGRUENCIA se esforzaron por:

- Mostrar actitudes y sentimientos auténticos en correspondencia con las palabras, promueve la integración y unificación, desarrolla la facultad creadora, estimula el compromiso y la responsabilidad y; se establecen relaciones genuinas que fomentan la autoestima y el respeto (Rogers, 2009)

La percepción de la EMPATÍA mostrada por sus jefes resultó en una significativa mejora.

En la ACEPTACIÓN INCONDICIONAL se generó ese estado de confusión que Rogers (2009) observó consistentemente en sus investigaciones y Gómez del Campo (1975) confirmó en su estudio y eso quiere decir que en ambas partes Jefe y Colaborador se empezó a generar una confirmación del potencial y de la capacidad de desarrollo que los llevarán a evolucionar creativamente.

En la CONGRUENCIA también hubo cambios altamente significativos que sí demuestran la tendencia a la unificación y la integración que generan compromiso y responsabilidad.

Por lo que respecta a la CONSIDERACIÓN POSITIVA se reconoce que:

- Hay que intensificar la expresión emocional cálida, expresiva y respetuosa de los coordinadores hacia la propia individualidad de sus colaboradores, independientemente del comportamiento que muestren y permitirles que expresen sus sentimientos – positivos o negativos – haciéndoles sentir un verdadero interés por su individualidad y confiando que su propio potencial, les permitirá ser autorresponsables y dar resultados positivos.

Es obvio que hubo cambio y movimiento en cada una de las variables, reforzando lo que explica Rogers (2007; 2008; 2009; 2003; 1991; 2000; 2001) acerca de que el proceso de cambio involucra primeramente un estado de confusión mientras se reintegra y reorganiza su self; resultados que son coincidentes con los de Gómez del Campo (1975); Torres (2006) y Salgado (2006) y aunque son los pocos trabajos encontrados en el ámbito del Desarrollo Humano aplicado a las organizaciones, se confirma este proceso.

Luego entonces se desecha la Hipótesis Nula Ho1 **y se acepta la primera Hipótesis de Investigación HI1 ya que el diálogo apreciativo centrado en la persona en conversaciones cara a cara facilitado por el jefe sí incrementa la percepción de empatía, apoyo incondicional, consideración positiva y congruencia en los colaboradores.**

En cuanto a la segunda hipótesis de Investigación:

Hi2 El diálogo apreciativo centrado en la persona en conversaciones cara a cara facilitado por el jefe, incide en el Autoconcepto del colaborador y mejora la comunicación, práctica colaborativa y resultados.

Los resultados del Test de Fitts confirman que hubo incidencia en el Autoconcepto en forma definitiva por la relación de ayuda generada a través de Diàlogo Apreciativo Centrado en la Persona en Conversaciones Cara a Cara como se muestra en el resumen presentado como evidencia en la Tabla No. 48 de la página 153 con las siguientes conclusiones:

En cuanto al Autoconcepto, respecto a la visión del cuerpo y el estado de salud, se manifiesta ese cuestionar de la identidad en la dimensión interna donde se empieza a discernir primero lo que no se es, logrando una visión más real de quién se es (Rogers, 2009) que inicia ese encuentro consigo mismo que implica la autoaceptación. De la misma forma, la valoración moral propia presenta ese movimiento de cuestionar los valores externos para la asunción e internalización de los propios y el sentido de valía también empieza a movilizarse. El sentimiento de adecuidad ante la familia no se cuestiona pero sí la percepción personal en relación a los otros, siendo consistente con los hallazgos de Gómez del Campo (1975) también el orden de la movilización que acusa la incidencia en el Autoconcepto ante la creación de un clima de empatía, consideración positiva, aceptación incondicional y congruencia.

En la Autoestima se cuestiona la apariencia física en cuanto a la satisfacción del sí mismo de la misma forma al empezar a visualizarse de una manera más realista donde la autoaceptación genera también la autoconfianza de no requerir más una valoración externa y ermpezar a sentir que los cuestionamientos de "ser, hacer y tener" pertenecen a una escala de rango personal, sintiendo que la autoevaluación es adecuada y significativamente – como propone Rogers (2009) en cuanto al paso por diferentes etapas donde se van rompiendo esquemas y resquebrajando las màscaras para ser màs quien se es, viene un mayor acercamiento hacia los otros significativos y una mayor propensión hacia la comunicación y la colaboración con otros.

En el Autocomportamiento se moviliza un estado de sentir que se hace lo correcto sin requerir juicios ni evaluaciones externas; las acciones no se sujetan a la aceptación de evaluaciones ni juicios, ya sean morales o que provengan de los otros significativos y se inicia una clara disposición hacia la comunicación en el ámbito social.

Dimensiones Internas / Dimensiones Externas	YO FÍSICO Visión sobre el propio cuerpo, estado de salud, apariencia física, destrezas y sexualidad.		YO MORAL-ÉTICO Valoración moral propia, relación con Dios, sentimiento de ser "buena" o "mala" persona, satisfacción con la religión		YO PERSONAL Sentido de autovalía, adecuidad como persona, autoevaluación de personalidad o relaciones con otros.		YO FAMILIAR Sentimiento de adecuidad, valoración y valía como miembro de su familia y auto-percepción en relación a los otros significativos.		YO SOCIAL Percepción en relación a los otros, sentido de adecuidad y valía en la interacción social.	
APLICACIÓN	PRE	POST	PRE	POST	PRE	POST	PRE	POST	PRE	POST
AUTOCONCEPTO Identidad *(what I am)*.	16.4	15.7	21.8	22.1	13.7	13.9	19.7	19.7	17.4	17.1
AUTOESTIMA Satisfacción conmigo mismo *(how satisfied I am with myself)*	15.4	14.1	17.4	17.9	14.5	14	20.9	21.4	16.9	17
AUTOCOMPORTAMIENTO *(what I do, the way I act)*	20.2	20.4	15.4	15.1	17.3	17.2	16.5	16	18.8	19.1

Tabla No. 48. Resumen de la incidencia en el Autoconcepto, Autoestima y Autocomportamiento de los colaboradoreas como efecto del diálogo apreciativo centrado en la persona en conversaciones cara a cara.

Rogers (2009; 2008; 2007; 2003; 1991; 2000; 2001)), expresa que al empezar a percibir mayor libertad y seguridad en una relación comprensiva, las personas definen sus metas en términos **negativos** al descubrir hacia dónde no desean moverse y dejan de esforzarse por agradar a los demás para elegir **paulatinamente** lo que desean hasta lograr la autorresponsabilidad que al principio, les hace sentirse vulnerables y sin apoyo; empiezan a **ser un proceso** (*on becoming*) llegando a **ser quienes realmente son.** También comenta acerca de que el cambio es primero inverso pues la persona se cuestiona "visceralmente" su estado y empieza a validar sus sensaciones antes de inciar el cambio hacia su reintegración organísmica. Dice que al iniciarse el movimiento, la persona empieza a escucharse a sí misma y a captar los mensajes y significados de sus propias **reacciones fisiológicas.** "Sabe que sus propias reacciones, experiencias internas y los mensajes de sus sentidos y vísceras son amistosos y desea acercarse a sus fuentes de información más íntimas".

Así en base a Rogers (2007; 2008; 2009; 2003; 1991; 2000; 2001); Salgado (2006); Torres (2006); Wheatley (*et.al,*1999) hay incidencia en el autoconcepto aunque:

- El significado personal tiende a descender en ciertos sectores, sobretodo cuando hay experiencias que se apartan pronunciadamente del sí mismo.

- Lo importante es que la persona deja de utilizar las máscaras y empieza a movilizarse y "aún cuando ignore hacia dónde se dirige, comienza a definir **lo que es** aunque sea primero en términos negativos".

Además cabe recordar que en las Comunidades de Diálogo Apreciativo Centrado en la persona:

- Se observó un proceso de desarrollo de la confianza interna y externa.

- Durante las primeras sesiones, fue recurrente el hecho de expresar sentirse incapaces de afrontar a colaboradores conflictivos y manifestaban su temor de tomar decisiones que pudieran ser mal entendidas o llevarles incluso a una sanción.

- Por etapas, se fue manifestando el cambio en sus actitudes y reflejaban una mayor soltura al referirse a su "yo" percibiéndose más autorresponsables.

- En la última Comunidad de Diálogo Apreciativo - el 30 de Junio de 2010 - se les retroalimentó de los cambios en la percepción de sus colaboradores respecto a la Empatía, Consideración Positiva, Apoyo Incondicional y Congruencia sentidas en la relación con ellos a través del diálogo apreciativo centrado en la persona en sus conversaciones cara a cara.

- Los jefes también manifestaron sentirse más cómodos con la presencia de sus colaboradores y que obviamente estaban teniendo más oportunidad de interacción en condiciones más igualitarias permitiéndose ser realimentados y hacerlos partícipes de los cambios y decisiones.

- También expresaron que estar más cerca de sus colaboradores, les permitió un trato más amigable y familiar que propició mayor interés en sus actividades diarias y que ellos sí percibieron incremento y mejora en la comunicación, práctica colaborativa y resultados, en sus áreas de trabajo.

Entonces sí puede concluirse que la Comunidad de Diálogo Apreciativo Centrado en la Persona, funciona como un Grupo de Encuentro que incide en el Autoconcepto ya que:

- Movilizó la actitud y comportamiento hacia sus colaboradores haciéndolos más sensibles al mundo interno de ellos cuando el propio lo fue para sí mismos y entonces, empezaron a cambiar y desarrollarse.

- Les brindó oportunidad de practicar el diálogo apreciativo centrado en la persona en conversaciones cara a cara y les facilitó manifestar con apertura sus necesidades como: confrontar, enfrentar sus temores y buscar recovecos para la realimentación y se percibieron cada vez más seguros en un clima sin juicios ni evaluaciones que inició un cambio y desarrollo constructivos – en sí mismos y en su entorno.

Por lo tanto se rechaza la Hipótesis Nula 2 y **se acepta la segunda Hipótesis de Investigación como válida porque el diálogo apreciativo centrado en la persona en conversaciones cara a cara facilitado por el jefe sí incide en el Autoconcepto del colaborador y mejora la comunicación, práctica colaborativa y resultados.**

Es importante mencionar que:

- A los colaboradores hay que facilitarles comportarse en las formas que sean **significativas para sí mismos** para que elijan la autorresponsabilidad y empiecen a **ser un proceso** (*on becoming*), llegando a **ser quiénes son**. Darles la libertad y seguridad que les proporciona una relación comprensiva, para que se abran a sus sentimientos hacia sí mismos y hacia sus otros significativos y dejarlos que empiecen a valorar sus **propios** propósitos, metas y creencias.

- Se deben crear espacios para que las Comunidades de Diálogo Apreciativo, sigan incrementándose ya que como expresa Holly (2004), son agentes de cambio, estimulan la acción investigadora y transforman, a través de las conversaciones cara a cara; además, generan cambios sistémicos y holísticos y como dice Rogers (2001), provocar el cambio en los maestros tendrá impacto en todo el sistema de una Institución Educativa, ya que su labor es básicamente intermediaria, llevan al salón de clase la voz del nivel directivo y, sí participan en un proceso de crecimiento, estarán más dispuestos a escuchar la voz de sus alumnos, sus sentimientos, emociones, pensamientos e intereses y los acompañarán en el descubrimiento de sí mismos para llegar a ser, quienes han sido llamados a ser. Al sentirse aceptados y valorados por otros, tendrán mayor apertura aceptando a los demás y a su contexto, con mayor disposición a la comunicación, práctica colaborativa y logro de resultados positivos e incrementarán significativamente su sentido de capacidad y reconocerán su propio potencial ante el entorno, reforzando su sentido de valía al percibir más sanamente sus áreas: física, ética-moral, personal, familiar y social.

- El Desarrollo Humano al interior de las Organizaciones garantizará el autoconocimiento, la autoresponsabilidad y el compromiso orientados al bien ser, bien estar y bien hacer para el bien común y así cada miembro de la comunidad, iniciará su proceso de Convertirse en Persona generando una comunicación sana y efectiva que permitirá incrementar la práctica colaborativa y lograr resultados positivos permanentes que garanticen la ventaja competitiva.

- Como última conclusión se refiere que para efectos de esta Investigación por las limitaciones de contexto, tiempo, población y economía, debe buscarse la amplición del objeto de estudio dando pauta a futuras investigaciones que permitan abordar el tema del Diálogo Apreciativo Centrado en la Persona en Conversaciones Cara a Cara en diferentes ámbitos y sectores como el Industrial, de Servicios, Gubernamental y Privado, entre otros; buscando que la incidencia en el autoconcepto, genere comunicación, práctica colaborativa y resultados, haciendo del Desarrollo Humano un campo de aplicación Organizacional.

La Propuesta del Diálogo Apreciativo Centrado en la Persona en Conversaciones Cara a Cara como un Modelo de Desarrollo Humano Aplicado a las Organizaciones que Aprenden

La propuesta es crear espacios para más Comunidades de Diálogo Apreciativo Centrado en la Persona y trabajar con los Colaboradores para generar un cambio sistémico.

Porque cuando empiecen a percibir - con un elevado nivel de significancia - mejores condiciones, se sentirán más aceptados y valorados por otros y esto les conducirá paulatinamente a la apertura a la comunicación, a la práctica colaborativa y disponerse a los resultados positivos. Pero como bien lo subraya Rogers (2007; 2008; 2009; 2003; 1991; 2000; 2001) esto es un proceso individual (*on becoming a Person)* que una vez en marcha, es continuo y permanente, pero cada persona reacciona en "su" momento.

Se les debe acompañar para incrementar significativamente su sentido de capacidad y que reconozcan su propio potencial ante el entorno, para instalar ese sentido de valía personal que necesitan para reforzar el trabajo en equipo y adecuarse más sanamente a los entornos, familiar, social y ético-moral.

Sentirse mejor delante de otros, les llevará a autoaceptarse y por ende a la aceptación de quienes les rodean, orientándose al cambio y dejando la rigidez, sintiéndose cómodos con ser quienes son y con mayor apertura a las interacciones que exige el contexto, exhibiendo una conducta más cómoda con un estilo de personalidad más propio que les permitirá sentirse bien consigo mismos y por tanto, se facilitará la comunicación más sana y abierta que propiciará mayores redes de colaboración.

Estos resultados son congruentes con los reportados por Top Companies (2010) que podrían dar respuesta a estos niveles de Bajo a Regular en las áreas de AUTOCONCEPTO, AUTOESTIMA y AUTOCOMPORTAMIENTO en sus dimensiones Físico, Moral-Ético, Personal, Familiar y Social. Los miembros de la Comunidad Universitaria piden respuesta en áreas de salud (presión, tensión, descanso); mejorar las actitudes de sus jefes hacia ellos (motivación, cercanía, reconocimiento, realimentación, apertura, confianza, demostrar competencia, claridad en las instrucciones, sensibilidad, oportunidad para expresarse y dar quejas, apoyo, justicia y trato equitativo); oportunidades de participar más en la toma de decisiones, ascensos, adecuación puesto-persona, compañerismo, equilibrio entre vida personal y laboral y mayor tiempo para dedicar a actividades familiares.

Es posible que estas percepciones estén fundamentadas en su baja autoaceptación que está siendo proyectada a ver aspectos negativos en su entorno y que si se empieza a trabajar con ellos en Comunidades de Diálogo Apreciativo Centrado en la Persona, brindándoles apoyo y facilitación constante en un clima de Empatía, Apoyo Incondicional, Consideración Positiva y Congruencia, poco a poco se verá el surgimiento de personas psicológicamente maduras, capaces de mirar su entorno y valorar lo que tienen interna y externamente. Se reforzarán su Autoconcepto, Autoestima y Autocomportamiento y se irán integrando a la práctica colaborativa con intensa comunicación.

Esto fue lo que sucedió en la Comunidad de Diálogo Apreciativo Centrado en la Persona con los Coordinadores; fueron compenetrándose y comprendiéndose unos a otros como miembros de un mismo equipo con retos hacia establecer, a veces diálogos en conversaciones cara a cara libres de juicio y evaluaciones; otras, la necesidad de confrontaciones sin dejar de ser apreciativas; también, aprender a enfrentar sus miedos, pero encontrando recovecos para mantenerse en constante realimentación y entendiendo que el crecimiento es un camino de altas y bajas – a veces doloroso - que hay que ir descubriendo día a día para producir un cambio en la dirección de regresar a los otros; permitir el autocontrol y facilitar la autorresponsabilidad, escuchar activamente y permanecer en la búsqueda de nuevas formas de comunidad, cercanía, intimidad y propósitos compartidos; explorando recursos internos y externos siendo autoconscientes de procesos, sentimientos y emociones; manteniéndose alerta ante las áreas de oportunidad de crecimiento bilaterales jefe-colaborador en conversaciones cara mediante un diálogo apreciativo centrado en la persona; conscientes de estar siempre en un proceso de crecimiento continuo que exige constante autoactualización; intentando ser más flexibles, espontáneos y arriesgándose al encuentro con el otro; con enfoque y apertura a la experiencia, para descubrir competencias y talentos con una nueva actitud (Rogers, et. al., 2003).

Este proceso observado en los Coordinadores por el equipo de expertos que fueron capturando los datos sobre las percepciones de los actores a través de un proceso de profunda atención, de comprensión empática con una visión holística, sistémica y de suspensión o ruptura de las preconcepciones sobre los tópicos objetos de discusión (Miles y Huberman, 1996 citados por Rodríguez, *et al*, 1997), permitió que esta investigación haya explorado aspectos importantes de esta comunidad que invitan a reflexionar y actuar, más a fondo, e ir abriendo esas redes sin importar cuánto lleve sumar resultados cada vez más positivos.

El hecho es que se dio el "movimiento" mencionado por Rogers (2007; 2008; 2009; 2003; 1991; 2000; 2001) unas veces ascendente y otras, hacia ese retroceso documentado, probado y señalado por él en cuanto a que "convertirse en Persona" es un proceso continuo e inestático (*on becoming*) de altas y bajas, donde cada persona tiene "su" tiempo y momento de integrarse organísmicamente y lograr el repunte hacia el crecimiento, pero siempre, dentro de esas etapas de autorreflexión en un ir y venir que las más de las veces, es doloroso, pero positivo y resiliente.

Aunque cambiar y derribar barreras, implique riesgos al conectarse verdaderamente con el otro porque genera automáticamente un cambio bidireccional que derriba las corazas de apariencia protectora y muestra la transparencia (CONGRUENCIA) que implica destruir aquellas máscaras tras las que se proyecta una aparente confianza, dureza o impenetrabilidad y la vulnerabilidad queda expuesta - con su consecuente estado de confusión inicial - como lo comenta Gómez del Campo (1975); todo esto, lleva finalmente a fortalecer el autoconcepto y reforzar la autoestima que puede modificar los sistemas a los que se pertenece, empezando por el interno – familiar, social, laboral – y dejar de sentirse ajeno, creyendo que se pierde la esencia cuando lo que verdaderamente sucede, es que están cayendo los muros que impiden el surgimiento del verdadero ser interno con toda su potencialidad creadora y su fuerza productiva. Cuando se elimina la resistencia al cambio, se abre la Persona total e integrada que se descubre ante el reflejo del otro en el acompañamiento hacia el crecimiento – sin juicios ni evaluaciones (Rogers, *et. al*, 2000).

"Convertirse en Persona" es un proceso continuo de cambio que paulatinamente lleva a la integración organísmica que produce sentimientos de mayor capacidad, satisfacción y plenitud. Cada uno en "su tiempo y momento", integrará ese sentir respecto a sí mismo (autoconcepto) y al ser más aceptante de otros, la comunicación fluirá en la práctica colaborativa, dando resultados positivos con la plena autoconciencia, autorreflexión y despegue que generan nueva información y formas inesperadas - continuamente activas y creativas - que desarrollan el potencial creativo y la actitud productiva constante (Rogers, 2009).

Las nuevas organizaciones que aprenden, deben tener a la Persona como Centro. Nonaka (1991) explica que las compañías japonesas son especialmente buenas en esta creación holística del conocimiento "suave" generado al convertir en explícito, el tácito de los discernimientos, intuiciones e ideales de su gente; es tiempo de dar frescura a los estilos directivos en la relación jefe-colaborador, roles, responsabilidades, diseños y prácticas

Es tiempo de derribar las barreras y abrir redes para la Comunicación tal como lo subraya Rogers (1991), con escucha activa y empática, sin evaluaciones ni juicios y captando lo que el otro **siente** además de lo que dice **desde su punto de vista** y esto, requiere valentía porque se corre el riesgo **de cambio propio.** Para Roethlisberger (1991), en las organizaciones la gente se deja llevar por los supuestos engañosos acerca de que la comunicación es lógica y no emocional, que las palabras tienen significado por sí mismas independientemente de las personas que las pronuncian y que el propósito de la conversación es que la gente vea las cosas desde el propio punto de vista; esto hace que el otro se ponga a la defensiva y evite hablar. Así que el diálogo apreciativo centrado en la persona en conversaciones cara a cara jefe-colaborador debe ser un reto al interior de todo tipo de organizaciones.

Crawford (1991) siempre creyó en las conversaciones cara a cara con su gente y dijo que no hay nada mejor que "contarles todo y tratarlos con decencia y sentido común".

La persona necesita vivir de forma auténtica y con libertad – con ideas y valores que surgen de una verdadera convicción interna - aunque se compartan en una organización – cada uno las debe asimilar y hacer propias desde su interior, sin necesidad de control o moldeamiento impuestos – sino con congruencia, integridad, permeabilidad (porosidad) y transparencia que lo conducirán a un constante encuentro de realidades – cara a cara - "tú-yo" – pleno de aprecio, aceptación, empatía, consideración y afecto – hacia sí y otros - que le permita el fluir constante, marcado por un interés auténtico en un ambiente cálido donde vibre esa comunicación sana, la práctica colaborativa y los resultados positivos que motiven el bien ser, bien estar, bien hacer y bien convivir para favorecer el bien común, ante cualquier circunstancia.

La innovación y el progreso sólo provienen de valorar a cada miembro del equipo como Persona y reconocer la importancia de convivir para compartir - conocimientos o mejores prácticas, intereses comunes o "expertise" - pero siempre a través de una profunda aceptación y valoración del otro comunicada a través del diálogo apreciativo centrado en la persona en conversaciones cara a cara que motive la fluidez, efectividad, eficiencia y eficacia e involucre el trabajo en redes de colaboración en constante interrelación donde todas las personas que conforman esta Comunidad Universitaria, tengan acceso al crecimiento y satisfacción que proporcionan un buen autoconcepto y adecuada autoestima para detonar el desarrollo y crecimiento conjunto, en espacios de diálogo, confianza, colaboración y solidaridad.

BIBLIOGRAFÍA

Aguilar K., Eduardo (1992) *Asertividad: Sé Tú Mismo sin Sentirte Culpable,* México, Ed. Pax.

Alfaro, Rafael y Santiago, Salvador (2002), Estructura Factorial de la Escala de Autoconcepto Tennessee, Versión en Español, *Revista Interamericana de* Psicología/InteramericanJournal of Psychology, Vol. 36, No. 1 y 2, pp. 166-189, *dialnet.unirioja.es.*

Argyris, Chris (1999), *Sobre el Aprendizaje Organizacional,* México, Oxford University Press.

Arias G., Fernando (2000), *Administración de Recursos Humanos para el Alto Desempeño.* México. Trillas,

Arias G., Fernando (2000), El compromiso personal hacia la Organización y la intención de permanencia: algunos factores para su incremento. *Ponencia V Foro Nacional de Investigación UNAM.* www. joseacontreras.net

Argote, L.; Ingram, P. (2000), Knowledge transfer: A basis for competitive advantage in firms". *Organizational Behavior and Human Decision Processes,* pp. 150-169, USA. EBSCO.

Argote, L.; Ingram, P.; Levine, J.M. y Moreland, R.L. (2000), Knowledge transfer in organizations: Learning from the experience of others, *Organizational Behavior and Human Decision Processes,* pp. 1-8, USA, EBSCO.

Barret, Frank J., y Cooperrider, David (2002), Using Generative Metaphor to Intervene in a System divided by Turfism and Competition: Building a Common Vision, *Academy of Management,* USA. Western Reserve University.

Bhatt, G.D, (2001): "Knowledge management in organizations. Examining the interaction between technologies, techniques and people, *Journal of Knowledge Management*, pp. 68-75, USA., EBSCO.

Bou-LLusar, J.C. y Segarra, M. (2006), Strategic knowledge transfer and its implications for competitive advantage: An integrative conceptual framework, *Journal of Knowledge Management*, pp. 100-112, USA. EBSCO.

Branden, Nathaniel (2005), *www.nathanielbranden.net*

Brief, Arthur P., and Weiss, Howard M.(2002), Organizational Behavior: Affect in the Workplace; *Annual Review of. Psychology*, Ed. Comitee.

Buckingham, Marcus (2008), *No se Detenga: Ponga a Trabajar sus Fortalezas*, México, Ed. Norma.

Buckingham, M. y Coffman, C. (2000), *Primero, Rompa todas las reglas: Qué diferencia a los mejores gerentes del mundo de los demás*, Colombia, Ed. Norma.

Buendía Eisman, Leonor; Colás Bravo, Ma. Pilar y Fuensanta Hernández, Pina (1998), *Métodos de Investigación en Psicoedagogía*, México, Mc Graw Hill.

Canguilhem, G. (1994), *¿Qué es la psicología? Historia de la Psicología – Cátedra I* (pp.435-445) 11.- Documento Recuperado en 2009 en: http://www.elseminario.com.ar/modulos/modulo01.htm

Carbó Ponce, Esteve. (1999) Manual de Psicología Aplicada a la Empresa, Argentina, Granica.

Castanyer, Olga (2000), *La Asertividad: Expresión de una sana Autoestima*. España. Desclée de Brouwer.

Cooper, Robert K, (1993). *Aprenda a utilizar el otro 90%.* Grupo Editorial Norma, México.

Cooperrider, D. L., Sorensen, P. F., Whitney, D. y Yaeger, T. F. (2000), *Appreciative inquiry: rethinking human organization toward a positive theory of change,* USA, Champaign, IL: Stipes Publishing.

Cooperrider, D. L., Sorensen, P. F., Whitney, D. y Yaeger, T. F. (2000), Appreciative inquiry: rethinking human organization toward a positive theory of change, *Champaign, IL: Stipes Publishing*, EBSCO.

Csikszentmihalyi, Mihaly (2003), *Fluir en los Negocios*, Barcelona, Kairós.

Chiavenato, Idalberto (2004), *Gestión de Talento Humano*, México, Mc Graw Hill.

Denegri, Marianela; Opazo, Carolina y Martínez, Gustavo (2007), Aprendizaje Cooperativo y Desarrollo del Autoconcepto en Estudiantes y Maestros Chilenos, *Revista de Pedagogía*, Vol. 28, No. 81

Dionne, George y cols. (2010), El Diálogo Apreciativo: La Puerta de Entrada a Nuestras Fuerzas, *Revista Talento Humano No. 4, Jul. 2010*, Artículos Destacados

Dittman, M (2005), Happy employees make happy families, study finds. *Journal of Applied Psychology*. Vol. 36, No. 4, www.apa.org.

Dionne, George y Reig, Enrique (2002), Reto al Cambio, México, Ed. Mc Graw Hill, Edición Revisada.

Dittman, M (2005), Happy employees make happy families, study finds. *Journal of Applied Psychology*. Vol. 36, No. 4, www.apa.org.

Drucker, Peter (2002), Knowledge Workers, *Management/People, Executive Excellence*, USA. EBSCO.

Drucker, Peter (1999), Knowledge–Worker Productivity: The biggest challenge, *California Management Review*, Vol. 41 No.2, pp. 79 - 93, USA, EBSCO.

Fitts, W. (1965), *Manual for the Tennessee Self Concept Scale*. USA. Appleton-Century-Croft-Horme.

Flaherty, James (1999), *Coaching: Evoking Excellence in Others*, USA Ed. Butterworth-Heinemann.

Frankl, Viktor Emil (1980), *El Hombre en Busca de Sentido*, Barcelona, Herder. Barcelona.

Furnham, Adrian (2001), *Psicologia Organizacional: El Comportamiento del Individuo en las Organizaciones*. México. Oxford University Press.

Gardner, Howard (2008), *Inteligencias Múltiples: La Teoría en la Práctica*. México. Paidós.

Goleman, Daniel (2004), *La Inteligencia Emocional*, México, Ed. Javier Vergara Editor,.

Gómez del Campo Estrada, José Fernando (1975), *Los Cambios en el Autoconcepto a través de la participación en Psicoterapia Autodirectiva de grupo, en el contexto de un Programa de Entrenamiento en Psicoterapia*, Tesis de Licenciatura. México. Universidad Iberoamericana.

Goh, S. C. (2002), Managing effective knowledge transfer: An integrative framework and some practice implications, *Journal of Knowledge Management*, pp. 23-30, USA, EBSCO.

González Garza., Ana María (1987), *El Enfoque Centrado en la Persona: Aplicaciones a la Educación*. México. Trillas.

González, Martín y Olivares, Socorro (2005) *Administración de Recursos Humanos-Diversidad y Caos*. México. Compañía Editorial Continental.

Hernández-Sampieri, Roberto, Fernández-Collado, Carlos y Baptista Lucio, Pilar (2010), *Metodología de la Investigación*. México. Mc Graw Hill.

Herzberg, Frederick (2003), One More Time: How do you Motivate Employees. *Harvard Business Review*, Enero-Abril.

Herzberg, Frederick; Mausner, Bernard; Bloch S., Barbara (1993), *The Motivation to Work*. UK. Transaction Publishers.

Guerra, A y Guerra A. (2006), *El nuevo paradigma organizativo en el escenario global y posmoderno, www.ucla.edu.ve*

Hock, Dee (2001), *El nacimiento de la Era Caórdica,* Argentina, Granica, pp. 241-244

Holly, Mary Louise (2004), Learning in Community: Small Group Leadership for Educational Change, *Educar*, 34, pp. 113-130, DIALNET.

Juárez, Manuel (2004), Reseña de una Revisión de las Comunidades de Práctica de Ettiene Wenger y sus Recursos Informáticos en Internet, *Revista Mexicana de Investigación Educativa*, Vo. 9, No. 20, pp. 235-244.

Kermally, Sultan (2008), Managing Knowledge Without Tears, *Knowledge Management for Beginners, http://www.knowledgeboard. com, http://www.providersedge.com/docs/km_articles/Managing_ Knowledge_Without_Tears.pdf*

Kögler, Hans H., Steuber, Karsten, R. (2000) *Empathy and Agency: The Problem of Understanding in The Human Sciences*. USA. Westview Press.

Lafarga, Juan y Gómez del Campo, José (2006), *Desarrollo del Potencial Humano* - Volúmenes 1 y 2. México. Trillas.

Ledesma, Rubén; Molina, Gabriel y Valero, Pedro (2002), Análsisis de Consistencia Interna medianet Alfa de Cronbach: Un Programa Basado en Gráficos Dinámicos, *Psico – USF,* Vol.7, No. 2, pp. 143-152.

Lluch, María Teresa (1999), Construcción de una Escala para Evaluar la Salud Mental Positiva, *Tesis Doctoral en Evaluación de Ciencias del Comportamiento, Universidad de Barcelona* http://www.tdr.cesca. es/TESIS_UB/AVAILABLE/TDX-0331104-104403/E_TESIS.pdf

López Quintás, Alfonso (1998), *El Desarrollo de la Persona Humana: Base Antropológica para una Sólida Formación Ética*. España. Edibesa.

López Quintás, Alfonso (2003), *Los Valores No Se Enseñan Se Descubren*, www.cesdonbosco.com

Luthans, Fred (2008), *Comportamiento Organizacional*. México Mc Graw Hill.

Manville, Brook y Ober, Joshia (2003) Beyond Empowerment: Building a Company of Citizens, *Harvard Business Review*, Enero a Abril.

Martínez, Miguel (2008), *Fundamentación Epistemológica del Enfoque Centrado en la Persona*, http://prof.usb.ve/miguelm

Maturana, Humberto (2008), *El Sentido de lo Humano*, Argentina, Ed. Granica.

Münch L, García J. (2004), *Fundamentos de Administración*, México, Trillas.

Maslow, Abraham (1994), *Amplitud Potencial de la Naturaleza Humana,* México. Paidós.

Maslow, Abraham (1993), *El hombre Autorrealizado hacia una Psicología del Ser.* México. Trillas.

Mc Caslin, Mark L (2004), *The Landscape of Leadership building Relationships,*.USA. Questia On Line Library.

Mayfield, Jacqueline y Mayfield, Milton (2009), The Role of Leader Motivating Language in Employee Absenteeism, *Journal of Business Communication,* Volume 46, Number 4, October 2009, 455-479; EBSCO.

Mestre Escrivá, V., Samper García, P. y Pérez Delgado, E. (2001), Clima Familiar y Desarrollo del Autoconcepto. Un estudio longitudinal en población adolescente, *Revista Latinoamericana de Psicología,* Vol. 33 – No. 3, Págs. 243 – 259 http://redalyc.uaemex.mx/redalyc/pdf/805/80533301.pdf

Nonaka, Ikujiro y Takeuchi Hirotaka (1999), *La Organización creadora de Conocimiento,* México, Oxford University Press, USA.

O'Hanlon, Hill; Weiner-Davis, Michele (2003), *In Search of Solutions: A New Direction in Psychotherapy.* Revised Edition. USA, Ed. Norton.

Okun F., Barbara (2001) *Ayudar en forma efectiva. Counseling. Técnicas de terapia y entrevista,* España, Paidós.

Peavy, R.Vance (2004), *SocioDynamic Counselling: A Practical Approach to Meaning Making,* USA, Taos Institute.

Porter, J. (1996), Knowledge, strategy and the theory of the firm, *Strategic Management Journal, Winter Special Issue,* pp. 93-107, USA. EBSCO.

Ramírez Salguero, Ma. Inmaculada y Herrera Clavero, Francisco (2002), Autoconcepto, *Eúphoros,* No.5, ISSN1575-0205, (pp.187-204).

Reig, Enrique y Dionne, George (2001), *Más allá de las Diferencias.* México. Norma.

Robbins, Stephen (2009), *Comportamiento Organizacional.* México. Pearson-Prentice Hall.

Rodríguez Gómez, Gregorio; Gil Flores Javier y García Jiménez, Eduardo (1999), *Metodología de la Investigación Cualitativa,* España, Ed. Aljibe.

Rodríguez E. Mauro, Pellicer Georgina, Domínguez Magdalena (1988). *Autoestima: La Clave del Éxito Personal".* México. El Manual Moderno.

Rodríguez E. Mauro (1997). *El Pensamiento Creativo Integral.* México. Pax.

Rodríguez E. Mauro (1988). *Liderazgo.* México. El Manual Moderno.

Rodríguez E. Mauro, Ramírez B. Patricia (1998) *Psicología del Mexicano en el Trabajo.* México. Mc Graw Hill,

Rodríguez E. Mauro, Serralde Martha (1998) *Asertividad para Negociar,* México. Mc Graw Hill.

Rogers, Carl (2007), *El Camino del Ser.* España. Kairos.

Rogers, Carl (2008), *Grupos de Encuentro,* Argentina, Amorrortu.

Rogers, Carl (2009), *El Proceso de Convertirse en Persona: Mi Técnica Terapéutica.* México. Ed. Paidós.

Rogers, Carl (1964), *Freedom and Commitment,* USA, The Humanist.

Rogers, Carl (2008), *Grupos de Encuentro,* Argentina, Amorrortu Eds.

Rogers, C., Stevens, B. y Cols. (2003), *Persona a Persona.* Argentina. Amorrortu Eds.

Rogers, C. y Roethlisberger, F., (1991), Barriers and Gateways to Communication, *Harvard Business Review Classic*, pp.105-111, USA, EBSCO.

Rogers, C. y Roethlisberger, F. (1991). Executive Summaries. *Harvard Business Review*, Nov.-Dec. 1991, pp. 191, USA, EBSCO

Rogers, C. (2000), The Promise of An American Industry, Interpersonal Relationships. *The Journal of Applied Behavioral Science*, Vol. 4, No. 3, 1968, The Public Relations Quaterly, EBSCO.

Rogers, C. (2001). *The Promise at Inmaculate Heart: An Experiment in Self-Directed Change*. EBSCO.

Rogers, C. (2001), The Foundations of The Person-Centered Approach, *Education*, Vol.100, No. 2, pp. 98-107, EBSCO.

Salgado Mejía, Roberto Isaías (2006), Indicador de Presión en el Trabajo de Ejecutivos Mexicanos y Estrategias de Manejo con Enfoque de Desarrollo Humano Organizacional, *Tesis Doctoral en Desarrollo Humano, Universidad Iberoamericana, Ciudad de México*. Biblioteca Digital UIA. www.bib.uia.mx/tesis/pdf/014774_00.pdf

Satir, Virginia (1983), *Autoestima*. México. Pax.

Senge, Peter; Scharmer, Otto; Jaworsky, Joseph; Flowers, Betty (2004), *Presence: An Exploration of Profound Change in People*, USA, Ed. Doubleday.

Srivastasva, Abishek; Bartol, Kathryn M. y Locke, Edwin, A. (2006), Empowering Leadership in Management Teams: Effects on Knowldedge Sharing, Efficacy and Performance, *Academy of Management Journal*, Vo. 49, No. 6 (pp. 1239-1251), USA, EBSCO.

Seaman, Mark (2008), Birds of a Feather?, Communities of Practice and Learning Communities, *Curriculum and Teaching Dialogue*, Vol. 10, No. 1 y 2, pp. 269-279, EBSCO.

Seligman, Martin E.P. y Csikszentmihalyi, Mihaly (2000), Positive Psychology: An Introduction, *American Psychologist*, Vol. 55, No. 1, 5-14, USA.

Senge, Peter (2002), *La Quinta Disciplina: Escuelas que Aprenden*, Colombia, Norma.

Senge, Peter (2000), *La Danza del Cambio,* México, Norma.

Silva Guerra, Harold (2009), Effective Organisations in the International Arena, *Pensamiento y Gestión, Universidad del Norte* (pp. 120-136)

Smith, Manuel J. (1987), *Cuando Digo No, Me Siento Culpable.* México. México. Grijalbo.

Teece, D.J. (2000), Strategies for managing knowledge assets: The role of firm structure and industrial context". *Long Range Planning,* pp. 35-54, USA. EBSCO.

Torres Estrada, Héctor Oziel (2007), Efectos de un Taller de Desarrollo con Enfoque Humanista en el Crecimiento Personal de Mandos Medios en una Empresa Familiar Poblana, *Tesis de Maestría en Psicología Clínica y Psicoterapia, Biblioteca Pedro Arrupe, Universidad Iberoamericana Golfo Centro, Ciudad de Puebla.*

Tylczak, Lynn (1993), *Cómo Incrementar la Productividad de los Empleados.* México. Grupo Editorial Iberoamérica, S.A. de C.V.

Vidrio, R. Faviola (2005), *Hacia* nuevas formas de Liderazgo. *Gestión y Estrategia,* www.azc.uam.mx

Watzlawick, Paul; Helmick B., Janet y Jackson D., Don (1986), *Teoría de la Comunicación Humana.* España. Herder.

Wenger, Etienne (2002), Cultivating Communities of Practice, *Harvard Business School Press*, USA.

Werther, W. y Davis, K (2000), *Administración de Personal y RH*, México, Mc Graw Hill.

Wheatley, Margaret y Kellner-Rogers Myron (1999), *A Simpler Way.* USA. Berrett-Koehler.

Womack, James P.; y Jones, Daniel T. (2005) Lean Consumption, *Havard Business Review*, www.hbr.org.

ANEXOS

Anexo 1.
Alpha de Cronbach obtenida por el
Cuestionario de Medición del Enfoque Centrado en la Persona

Reliability

Warnings

The covariance matrix is calculated and used in the analysis.

Case Processing Summary

		N	%
Cases	Valid	13	100.0
	Excluded[a]	0	.0
	Total	13	100.0

a. Listwise deletion based on all variables in the procedure.

Reliability Statistics

Cronbach's Alpha	Cronbach's Alpha Based on Standardized Items	N of Items
.903	.913	16

Summary Item Statistics

	Mean	Minimum	Maximum	Range	Maximum / Minimum	Variance	N of Items
Inter-Item Correlations	.395	-.464	.917	1.380	-1.977	.069	16

The covariance matrix is calculated and used in the analysis.

ANOVA[a]

		Sum of Squares	df	Mean Square	F	Sig
Between People		82.981	12	6.915		
Within People	Between Items	84.288	15	5.619	8.379	.000
	Residual	120.712	180	.671		
	Total	205.000	195	1.051		
Total		287.981	207	1.391		

Grand Mean = 3.4904

a. The covariance matrix is calculated and used in the analysis.

Anexo 2.
Cuestionario de Medición del
Enfoque Centrado en la Persona
(Creación Propia)

CUESTIONARIO ECP

MARCA CON UNA "X" ABAJO DEL NÚMERO CORRESPONDIENTE SEGÚN TU
SENTIR, COMO INTEGRANTE DE ESTA ÁREA DE TRABAJO CON RESPECTO A TU
COORDINADOR(A) ACADÉMICO(A):

5 - TOTALMENTE DE ACUERDO
4 - DE ACUERDO
3 - NI DE ACUERDO, NI EN DESACUERDO
2- EN DESACUERDO
1. TOTALMENTE EN DESACUERDO

		5	4	3	2	1	
1	Mis pensamientos, sentimientos y emociones son tomados en cuenta.						E
2	Siento que puede ver las cosas desde mi punto de vista.						E
3	Se pone en mis "zapatos" y me siento confiado(a).						E
4	Comprende mis acciones.						E
5	Considero que muestra un interés real en mí.						CP
6	Me siento bien con él(ella) la mayor parte del tiempo.						CP
7	Si percibo consideración de su parte, eso permite que me abra para que me conozca como soy.						CP
8	Siento confianza y afecto con ella (él).						CP
9	Me siento apreciado(a) y valorado(a).						AI
10	Percibo un clima libre de prejuicios y sin barreras.						AI
11	Sentirme apreciado(a) propicia mi cooperación y compromiso.						AI
12	Sentirme valorado(a) facilita que esté de acuerdo con las expectativas.						AI
13	Siento que hay integración y unificación porque cada quien se muestra como realmente es.						CO
14	Siento que pone en práctica mis ideas creativas.						CO
15	Como todos se muestran como son hay buenas relaciones y responsabilidad personal.						CO
16	Mostrarnos tal cual somos y fomenta la autoestima, respeto y comunicación clara, abierta y franca						CO

Anexo 3.
Cuestionario de Autoconcepto de Fitts

CUESTIONARIO DE AUTOCONCEPTO

Descríbase a sí mismo(a) como suele ser o comportarse en la vida diaria

Marque con una X es espacio correspondiente a su elección:

5 TOTALMENTE VERDADERO

4 CASI TOTALMENTE VERDADERO

3 PARTE FALSO Y PARTE VERDADERO

2 CASI TOTALMENTE FALSO

1 COMPLETAMENTE FALSO

		5	4	3	2	1
1	Gozo de buena salud					
2	Me agrada estar siempre bien arreglado(a) y pulcro(a)					
3	Soy una persona atractiva					
4	Estoy llena(o) de achaques					
5	Me considero una persona muy desarreglada					
6	Soy una persona enferma					
7	No soy muy gordo(a) ni muy flaco(a)					
8	No soy ni muy alto(a), ni muy bajo(a)					
9	Me gusta mi apariencia física					
10	No me siento tan bien como debería					
11	Hay partes de mi cuerpo que no me agradan					
12	Debería ser más atractivo(a) para con las personas del sexo opuesto					
13	Me cuido bien físicamente					
14	Me siento bien la mayor parte del tiempo					
15	Trato de ser cuidadosa(o) con mi apariencia					
16	Soy malo(a) para el deporte y los juegos					
17	Con frecuencia soy muy torpe					
18	Duermo mal					
19	Soy una persona decente					
20	Soy una persona muy religiosa					
21	Soy una persona honrada					
22	Soy un fracaso en mi conducta moral					
23	Soy una persona mala					
24	Soy una persona completamente débil					
25	Estoy satisfecha(o) con mi conducta moral					
26	Estoy satisfecha(o) con mi vida religiosa					
27	Estoy satisfecha(o) de mis relaciones con Dios					
28	Quisera ser más digna(o) de confianza					

29	Debería asistir más seguido a la Iglesia						
30	Debería mentir menos						
31	Mi religión me aparta de la vida diaria						
32	La mayoría de las veces hago lo que es debido						
33	Trato de cambiar cuando sé que estoy haciendo algo que no debo						
34	A veces me valgo de medios injustos para salir adelante						
35	En algunas ocasiones hago cosas muy malas						
36	Me es difícil comportarme en forma correcta						
37	Soy una persona alegre						
38	Tengo mucho dominio sobre mí misma(o)						
39	Soy una persona calmada y tranquila						
40	Soy una persona detestable						
41	Soy un "don nadie"						
42	Me estoy volviendo loco(a)						
43	Estoy satisfecha(o) de lo que soy						
44	Estoy satisfecha(o) con mi inteligencia						
45	Mi comportamiento con otras personas es precisamente como debería ser						
46	Me gustaría ser una persona distinta						
47	Me desprecio a mí misma						
48	Quisiera no darme por vencida(o) tan fácilmente						
49	Puedo cuidarme siempre en cualquier situación						
50	Resuelvo mis problemas con facilidad						
51	Acepto mis faltas sin enojarme						
52	Con frecuencia cambio de opinión						
53	Hago cosas sin haberlas pensado bien						
54	Trato de no enfrentar mis problemas						
55	Mi familia siempre me ayudaría en cualquier problema						
56	Soy importante para mis amigos y mi familia.						
57	Pertenezco a una familia						
58	Mi familia no me quiere						
59	Mis amigos(as) no confían en mí						
60	Siento que mis familiares me tienen desconfianza						
61	Estoy satisfecho(a) con mis relaciones familiares						
62	Traté a mis padres tan bien como debí						
63	Muestro tanta comprensión a mis familiares como debería						
64	Me afecta mucho lo quele afecta a mi familia						
65	Debería depositar mayor confianza en mi familia						
66	Debería amar más a mis familiares						
67	Trato de ser justo(a) con mis amigos y familiares						
68	Hago el trabajo que me corresponde en casa						
69	Me intereso sinceramente por mi familia						
70	Riño con mis familiares						
71	Siempre cedí a las exigencias de mi padres						
72	No me comporto en la forma en que desea mi familia						

73	Soy una persona amigable					
74	Soy popular con personas del sexo femenino					
75	Soy popular con personas del sexo masculino					
76	Estoy disgustada(o) con todo el mundo					
77	Lo que hacen otras gentes no me interesa					
78	Es difícil entablar amistad conmigo mismo					
79	Soy tan sociable como quiero ser					
80	Estoy satisfecha(o) con mi manera de tratar a la gente					
81	Trato de agradar a los demás pero no me excedo					
82	Debería ser más cortés con los demás					
83	No soy del todo bueno(a) desde el punto de vista social					
84	Debería llevar mejor con otras personas					
85	Trato de comprender el punto de vista de los demás					
86	Encuentro buenas cualidades en todas las personas que conozco					
87	Me llevo bien con los demás					
88	Me siento incómodo(a) cuando estoy con otras personas					
89	Me es difícil perdonar					
90	Me cuesta trabajo entablar conversaciones con extraños					
91	Algunas veces digo falsedades					
92	De vez en cuando pienso cosas malas que no pueden mencionarse					
93	En ocasiones me enojo					
94	Algunas veces, cuando no me siento bien, estoy de mal humor					
95	Algunas de las personas que conozco me caen mal					
96	De vez en cuando me dan risa los chistes colorados					
97	Algunas veces me gusta el chisme					
98	Algunas veces me dan ganas de decir malas palabras					
99	Prefiero ganar en los juegos					
100	En ocasiones dejo para mañana lo que debería hacer hoy					

Anexo 4.
Vacío de Datos de las Respuestas del Pretest Cuestionario ECP

	EMPATÍA				CONSIDERACIÓN POSITIVA				ACEPTACIÓN INCONDICIONAL				CONGRUENCIA			
	E1	E2	E3	E4	CP1	CP2	CP3	CP4	AI1	AI2	AI3	AI4	CO1	CO2	CO3	CO4
	1	*2*	*3*	*4*	*5*	*6*	*7*	*8*	*9*	*10*	*11*	*12*	*13*	*14*	*15*	*16*
1	2	3	1	4	1	2	2	2	2	1	4	4	2	1	2	2
2	4	5	5	5	5	5	5	5	4	4	5	4	3	4	4	4
3	4	4	4	4	4	5	5	4	4	4	5	5	4	4	4	5
4	5	5	5	5	5	5	5	5	5	5	5	5	5	5	5	6
5	5	5	4	5	5	5	5	5	5	4	5	5	4	5	5	5
6	3	4	3	5	4	5	4	5	5	4	5	5	4	5	4	4
7	5	5	3	4	5	5	5	5	5	5	5	5	5	4	5	5
8	5	5	4	5	5	5	4	5	5	5	5	5	4	4	3	3
9	3	3	2	3	3	3	3	3	3	2	4	4	2	3	2	3
10	2	1	1	1	2	2	4	4	2	1	4	4	1	1	2	4
11	5	5	5	5	5	5	5	4	5	4	4	4	5	5	5	5
12	5	5	5	5	4	5	5	5	4	5	5	5	5	4	5	5
13	3	3	4	4	4	4	3	4	4	3	3	4	4	3	4	4
14	5	5	5	5	5	5	5	5	5	5	5	5	5	5	1	5
15	4	3	4	4	4	4	5	5	4	1	5	5	4	4	2	5
16	4	4	5	5	5	5	5	5	5	5	5	5	5	5	5	5
17	2	3	2	3	3	4	5	3	3	2	5	5	2	4	2	4
18	5	5	4	5	5	4	5	4	4	4	5	5	4	5	4	5
19	4	4	3	4	3	4	3	3	3	3	4	4	3	3	3	3
20	2	2	1	2	1	1	2	1	1	1	4	5	1	2	1	2
21	4	4	3	4	4	4	5	4	3	3	5	3	3	3	3	3
22	3	2	3	3	2	3	4	3	2	2	4	4	2	2	2	2
23	5	5	5	5	5	4	5	5	5	5	5	5	5	5	5	5
24	4	4	4	3	3	4	3	4	4	4	3	4	4	4	4	4
25	4	3	4	4	4	5	5	5	5	3	5	5	5	5	5	5
26	4	3	3	3	5	4	4	4	4	3	4	3	3	3	3	3
27	2	2	2	2	3	3	4	2	2	2	5	4	2	3	2	4
28	2	2	2	2	4	3	4	2	2	2	5	4	2	3	2	4
29	5	5	5	5	5	5	5	5	5	5	4	4	5	5	5	5
30	4	4	4	4	4	5	4	4	4	4	5	5	4	4	5	5
31	5	5	5	5	5	5	5	5	5	5	5	5	5	5	4	5
32	3	4	4	4	4	4	4	4	4	5	4	5	3	5	4	4
33	4	4	3	3	4	4	4	3	4	4	5	4	4	4	3	3
34	5	5	5	5	5	5	5	5	5	5	5	5	5	5	5	5
35	5	5	5	5	5	5	3	5	5	5	5	5	5	5	5	5
36	4	4	4	4	4	4	4	4	4	4	5	4	4	3	3	4
37	5	4	3	4	5	4	4	5	5	4	5	5	5	5	5	5
	3.9	3.9	3.6	4.0	4.0	4.2	4.2	4.1	3.9	3.6	4.6	4.6	3.7	3.9	3.6	4.2

Anexo 5.
Vacío de Datos de las Respuestas del Postest
Cuestionario de Medición del Enfoque Centrado en la Persona

	EMPATÍA				CONSIDERACIÓN POSITIVA				ACEPTACIÓN INCONDICIONAL				CONGRUENCIA		
	E1	E2	E3	E4	CP1	CP2	CP3	CP4	AI1	AI2	AI3	AI4	CO1	CO2	CO3
	1	*2*	*3*	*4*	*5*	*6*	*7*	*8*	*9*	*10*	*11*	*12*	*13*	*14*	*15*
1	5	5	5	5	5	4	4	5	5	5	5	5	5	5	5
2	4	4	3	3	2	3	3	3	3	3	5	5	2	3	2
3	3	3	2	4	3	3	4	2	3	2	4	4	4	4	4
4	4	3	5	3	5	4	4	4	4	3	4	3	5	4	5
5	4	2	2	4	4	4	4	4	2	2	5	5	2	4	2
6	4	4	3	3	3	4	3	3	3	3	4	4	2	4	3
7	5	5	5	5	5	5	3	5	5	5	5	5	4	5	4
8	5	4	4	5	5	4	3	4	4	4	5	5	4	3	3
9	5	5	5	5	5	5	5	5	5	5	5	5	5	5	5
10	5	5	5	5	5	5	5	5	5	5	5	5	5	5	5
11	5	5	5	5	5	5	5	5	5	5	5	5	5	5	4
12	4	4	5	4	5	5	5	5	5	4	5	5	5	4	5
13	4	4	4	4	4	4	4	4	4	4	3	3	4	4	4
14	4	3	3	3	4	4	4	5	4	4	5	5	3	4	4
15	5	4	5	5	5	5	4	5	5	5	5	5	5	5	4
15	5	5	5	5	5	5	5	5	5	5	5	5	5	5	5
17	3	3	2	3	3	4	2	3	2	2	5	5	2	5	3
18	4	5	4	4	4	4	4	5	4	5	5	4	5	4	4
19	5	5	5	5	5	5	5	5	5	5	5	5	5	5	5
20	5	5	5	5	5	5	5	5	5	5	5	5	5	5	5
21	4	4	4	4	4	4	4	4	4	4	4	4	4	4	4
	4.4	4.1	4.1	4.2	4.3	4.3	4.0	4.3	4.1	4.0	4.7	4.6	4.1	4.4	4.0

Anexo 6
Vacío de Datos de las Respuestas del Pretest
Test de Fitts en Área de AUTOCONCEPTO FÍSICO

	FIS+1	FIS+2	FIS-3	FIS+18	FIS-19	FIS-20	AUTOCONCEPTO FÍSICO PRE
1	3	4	2	4	1	4	18
2	5	5	1	3	1	3	18
3	4	5	2	1	1	2	15
4	5	5	4	4	1	1	20
5	4	4	1	1	1	3	14
6	3	5	2	3	1	3	17
7	5	4	2	3	2	2	18
8	4	5	2	3	1	2	17
9	4	4	2	1	1	3	15
10	5	4	1	1	1	1	13
11	4	5	5	1	1	3	19
12	3	4	3	3	1	2	16
13	4	5	2	3	1	2	17
14	5	5	1	1	1	1	14
15	5	5	1	3	1	1	16
16	5	5	2	1	1	2	16
17	5	5	1	1	1	1	14
18	5	5	2	1	1	1	15
19	5	5	2	1	1	2	16
20	5	5	2	1	1	3	17
21	5	5	1	2	1	2	16
22	4	5	1	3	1	1	15
23	3	5	3	1	1	2	15
24	4	4	2	2	1	2	15
25	5	4	1	1	2	3	16
26	5	5	1	1	1	1	14
27	5	5	1	1	1	3	16
28	5	5	1	1	1	3	16
29	5	5	1	2	1	2	16
30	4	5	2	4	1	2	18
31	5	5	2	1	5	4	22
32	4	4	3	1	1	3	16
33	4	5	3	4	1	2	19
34	5	5	1	2	1	2	16
35	5	5	3	1	1	1	16
36	4	5	2	3	2	3	19
37	5	5	1	2	1	1	15
							16.4

Anexo 7
Vacío de Datos de las Respuestas del Pretest
Test de Fitts en Área de AUTOCONCEPTO MORAL-ÉTICO

ME+4	ME+5	ME-6	ME+21	ME-22	ME-23	AUTOCONCEPTO MOR-ÉT.PRE
3	1	2	5	5	5	21
5	4	5	5	5	5	29
1	1	5	5	5	5	22
1	4	5	5	5	5	25
2	1	4	5	5	5	22
1	1	5	5	5	5	22
2	1	5	5	5	5	23
2	1	5	5	5	5	23
1	1	5	5	5	5	22
1	1	5	5	5	5	22
1	1	5	5	5	5	22
2	1	5	4	5	5	22
3	2	4	5	5	5	24
1	1	5	5	5	5	22
5	1	5	5	5	5	26
1	1	5	5	5	5	22
1	1	5	5	5	5	22
1	1	5	5	5	5	22
5	5	5	5	5	5	30
1	1	5	5	1	1	14
2	1	4	5	5	5	22
1	1	5	5	5	5	22
1	1	5	5	5	5	22
1	1	4	5	5	5	21
1	1	5	4	5	5	21
1	1	1	5	5	5	18
1	1	5	5	1	1	14
1	1	5	5	5	5	22
2	1	5	5	5	5	23
4	1	5	5	5	1	21
1	1	5	5	5	5	22
1	1	4	5	4	5	20
2	1	5	5	5	5	23
1	1	5	5	1	1	14
1	1	5	5	5	5	22
1	1	5	5	5	5	22
1	1	5	5	5	5	22
						21.8

Anexo 8
Vacío de Datos de las Respuestas del Pretest
Test de Fitts en Área de AUTOCONCEPTO PERSONAL

PE+7	PE+8	PE-9	PE+24	PE-25	PE-26	AUTOCONCEPTO PERSONAL-PRE
3	3	3	3	2	4	18
5	5	2	3	2	2	19
4	4	1	1	1	1	12
3	3	3	1	1	1	12
3	3	3	1	1	1	12
5	4	2	1	1	1	14
4	4	1	1	1	1	12
5	5	1	1	1	1	14
5	4	2	5	1	1	18
1	1	1	1	2	2	8
5	5	1	1	1	2	15
1	2	2	3	2	2	12
4	4	2	2	1	2	15
5	5	1	1	1	1	14
5	4	5	1	1	1	17
3	3	1	1	1	1	10
5	4	1	1	1	1	13
4	4	1	5	1	1	16
3	3	2	1	1	2	12
4	4	2	2	1	3	16
3	3	1	1	2	2	12
4	4	1	1	1	1	12
5	5	2	1	1	2	16
4	4	1	1	2	2	14
4	4	1	1	2	2	14
5	5	1	5	1	1	18
5	5	1	1	1	1	14
5	5	1	1	1	1	14
4	2	5	5	1	1	18
4	4	2	1	1	1	13
3	4	2	1	1	1	12
3	3	2	1	2	3	14
4	5	2	2	1	1	15
5	4	1	1	1	2	14
2	2	1	1	1	1	8
3	3	2	1	2	3	14
1	1	2	1	1	1	7
						13.7

Anexo 9
Vacío de Datos de las Respuestas del Pretest
Test de Fitts en Área de AUTOCONCEPTO FAMILIAR

FA+10	FA+11	FA-12	FA+27	FA-28	FA-29	AUTOCONCEPTO FAMILIAR PRE
4	2	3	2	1	2	14
2	4	3	3	1	2	15
2	1	2	5	3	4	17
1	5	5	5	4	2	22
1	1	4	5	1	5	17
3	4	3	5	5	5	25
1	2	5	5	2	4	19
1	3	5	5	5	4	23
1	2	5	5	5	5	23
1	1	5	5	5	2	19
1	1	4	4	5	2	17
4	3	5	4	4	3	23
1	2	5	4	1	5	18
1	2	5	5	5	5	23
1	1	5	5	5	5	22
1	4	3	5	5	5	23
4	4	3	4	1	2	18
1	1	5	5	1	2	15
5	4	5	5	2	3	24
2	2	4	3	4	3	18
1	1	5	4	5	2	18
2	2	5	5	5	2	21
1	4	3	5	5	5	23
1	1	5	4	5	5	21
1	1	5	5	4	3	19
1	1	5	5	1	1	14
1	1	5	5	5	5	22
1	1	5	5	5	5	22
1	2	5	5	5	4	22
1	3	4	5	2	2	17
5	1	5	5	5	4	25
2	1	5	4	2	2	16
2	1	5	5	2	5	20
1	1	5	5	1	2	15
1	1	5	5	1	4	17
3	3	3	4	3	3	19
4	4	3	5	5	3	24
						19.7

Anexo 10
Vacío de Datos de las Respuestas del Pretest
Test de Fitts en Área de AUTOCONCEPTO SOCIAL

SO+13	SO+14	SO-15	SO+30	SO-31	SO-32	AUTOCONCEPTO SOCIAL PRE
1	2	2	1	5	2	13
4	5	3	1	5	2	20
4	4	1	2	5	1	17
4	4	1	1	1	1	12
4	5	2	1	5	1	18
3	4	2	1	5	1	16
4	5	1	3	1	2	16
5	5	1	5	5	2	23
4	5	1	1	5	1	17
4	5	1	1	5	2	18
5	5	1	1	5	2	19
3	3	2	1	4	2	15
4	4	2	1	5	1	17
5	5	1	1	1	1	14
5	5	1	1	5	2	19
4	5	1	1	5	1	17
4	4	1	2	5	2	18
3	5	1	1	5	2	17
5	5	1	1	5	3	20
5	5	1	1	3	1	16
5	5	1	1	5	1	18
4	5	1	1	5	3	19
4	1	1	1	5	5	17
3	4	2	5	5	1	20
5	5	1	1	5	1	18
5	5	1	1	5	1	18
5	5	1	1	5	1	18
5	5	1	1	5	2	19
3	5	1	1	5	1	16
4	4	1	2	4	1	16
1	5	1	1	5	1	14
4	4	2	3	5	1	19
5	4	1	1	5	2	18
4	5	1	2	1	5	18
5	5	1	1	5	1	18
4	4	2	2	4	2	18
5	5	1	1	5	1	18
						17.4

Anexo 11
Vacío de Datos de las Respuestas del Pretest
Test de Fitts en Área de AUTOESTIMA FÍSICA

	FIS+35	FIS+36	FIS-37	FIS+52	FIS-53	FIS-54	AUTOESTIMA FÍSICA PRE
1	1	1	3	1	4	3	13
2	1	1	2	2	3	4	13
3	1	1	1	2	5	5	15
4	1	1	1	1	5	5	14
5	1	1	1	3	5	5	16
6	1	2	2	3	4	5	17
7	1	1	2	2	4	5	15
8	1	1	1	2	5	5	15
9	1	1	2	1	5	5	15
10	3	1	1	3	3	5	16
11	1	1	1	4	4	5	16
12	1	1	2	1	5	5	15
13	1	1	2	2	4	5	15
14	1	1	1	1	5	5	14
15	1	1	1	3	5	5	16
16	1	1	2	2	4	1	11
17	3	4	2	3	4	5	21
18	1	1	1	1	5	5	14
19	5	5	2	1	3	5	21
20	1	1	2	2	5	5	16
21	1	1	5	1	5	4	17
22	1	1	2	2	2	5	13
23	1	1	1	4	3	5	15
24	1	1	2	2	5	5	16
25	5	5	1	1	4	5	21
26	1	1	1	2	5	5	15
27	1	1	5	1	1	5	14
28	1	1	1	1	5	5	14
29	5	5	1	2	4	5	22
30	1	1	1	3	4	2	12
31	1	1	5	1	5	5	18
32	1	1	3	1	5	5	16
33	1	1	2	1	5	1	11
34	1	1	2	1	5	5	15
35	1	1	1	1	5	5	14
36	1	1	3	3	4	3	15
37	1	1	1	1	5	5	14
							15.4

Anexo 12
Vacío de Datos de las Respuestas del Pretest
Test de Fitts en Área de AUTOESTIMA MORAL-ÉTICA

ME+38	ME-39	ME-40	ME-55	ME+56	ME-57	AUTOESTIMA MOR-ÉT.PRE
5	1	5	1	5	1	18
4	3	4	2	5	1	19
4	1	5	1	5	1	17
5	1	5	1	1	1	14
5	2	5	1	5	2	20
4	3	5	1	5	1	19
4	4	1	1	5	1	16
5	2	5	5	1	1	19
4	2	5	2	2	1	16
5	3	5	3	4	1	21
5	1	5	1	5	1	18
4	2	5	2	4	2	19
4	1	5	1	5	1	17
5	1	5	1	5	1	18
5	1	5	1	5	1	18
4	2	5	1	5	1	18
4	2	5	1	5	1	18
4	1	5	1	5	1	17
4	2	5	1	5	1	18
5	1	5	2	1	1	15
4	2	5	1	5	1	18
4	2	5	1	1	1	14
4	2	5	1	5	1	18
4	2	5	1	5	1	18
4	3	5	1	1	1	15
5	1	1	1	5	1	14
4	1	5	1	5	5	21
1	1	5	1	5	1	14
4	4	5	1	5	1	20
4	2	5	1	1	1	14
4	1	5	1	5	1	17
4	2	5	1	5	1	18
4	1	4	5	5	1	20
4	1	5	1	5	1	17
5	1	5	1	5	1	18
3	1	5	2	4	1	16
4	2	5	1	5	1	18
						17.4

Anexo 13
Vacío de Datos de las Respuestas del Pretest
Test de Fitts en Área de AUTOESTIMA PERSONAL

PE+41	PE+42	PE-43	PE+58	PE-59	PE-60	AUTOESTIMA PERSONAL-PRE
1	2	2	1	4	5	15
2	1	2	1	5	5	16
1	1	1	1	5	5	14
1	1	1	1	5	5	14
1	1	1	1	5	5	14
1	1	2	1	5	5	15
1	1	1	1	5	5	14
1	1	1	1	5	5	14
5	5	1	1	5	5	22
1	1	1	1	5	5	14
1	1	1	1	5	1	10
1	1	2	1	5	5	15
1	1	1	1	5	5	14
1	1	1	1	5	5	14
1	1	1	1	5	5	14
1	1	2	1	5	5	15
1	1	1	1	5	5	14
1	1	1	1	1	5	10
1	1	1	5	5	5	18
1	2	2	1	5	5	16
1	1	1	1	5	5	14
1	1	1	1	5	5	14
1	1	1	1	5	5	14
1	1	2	1	5	5	15
1	1	2	1	5	5	15
1	1	1	1	5	5	14
5	5	1	5	5	5	26
1	1	5	1	1	1	10
1	1	1	1	5	5	14
5	1	1	1	5	5	18
1	1	1	1	5	5	14
1	1	1	1	5	5	14
1	1	1	1	1	1	6
1	1	1	1	5	5	14
1	1	1	1	5	5	14
1	1	2	1	5	5	15
1	1	1	1	5	5	14
						14.5

Anexo 14
Vacío de Datos de las Respuestas del Pretest
Test de Fitts en Área de AUTOESTIMA FAMILIAR

FA+44	FA+45	FA-46	FA+61	FA-62	FA-63	AUTOESTIMA FAMILIAR PRE
5	3	4	5	1	2	20
3	4	4	5	2	2	20
5	4	5	5	1	1	21
5	5	1	5	1	1	18
5	5	5	4	1	2	22
4	3	4	4	2	2	19
4	4	5	5	1	1	20
5	4	5	5	1	1	21
5	5	5	4	2	2	23
5	3	1	4	2	5	20
5	4	5	5	2	2	23
4	4	4	4	3	3	22
4	4	5	4	2	2	21
5	5	5	5	1	1	22
5	5	5	5	1	1	22
5	4	5	5	2	2	23
5	4	5	1	1	2	18
5	1	5	4	1	1	17
4	4	5	1	2	2	18
5	4	4	4	2	2	21
5	5	5	5	2	2	24
4	5	5	5	1	1	21
5	5	5	5	1	2	23
4	4	5	5	1	2	21
4	4	5	4	1	2	20
5	5	5	5	1	3	24
5	4	5	5	1	1	21
5	5	1	5	1	1	18
5	4	4	5	2	1	21
4	4	4	5	2	1	20
5	4	5	5	1	1	21
5	4	5	5	1	1	21
4	4	5	4	2	2	21
4	5	5	5	2	2	23
5	5	5	5	1	1	22
4	4	3	4	2	2	19
5	5	5	5	1	1	22
						20.9

Anexo 15
Vacío de Datos de las Respuestas del Pretest
Test de Fitts en Área de AUTOESTIMA SOCIAL

SO+47	SO+48	SO-49	SO+64	SO-65	SO-66	AUTOESTIMA SOCIAL PRE
1	3	1	5	2	5	17
1	2	2	4	4	4	17
5	5	2	5	5	5	27
1	1	1	5	3	4	15
1	1	1	5	3	2	13
1	3	2	4	5	5	20
1	1	2	5	2	2	13
1	2	4	4	5	5	21
1	4	2	5	3	1	16
1	1	3	5	5	5	20
1	4	2	4	5	5	21
1	1	3	3	3	3	14
1	3	2	5	5	5	21
1	1	1	5	5	2	15
1	1	1	5	5	5	18
1	1	2	5	5	5	19
1	1	1	5	5	5	18
5	5	2	5	5	3	25
1	1	2	5	3	3	15
1	2	1	2	3	2	11
1	1	1	5	4	4	16
1	2	1	5	5	1	15
1	1	1	5	2	2	12
1	1	1	4	3	5	15
5	5	3	3	5	5	26
1	1	1	5	5	5	18
1	1	2	5	5	5	19
1	1	1	5	5	5	18
1	1	2	5	5	5	19
1	5	2	5	2	2	17
1	1	2	5	5	3	17
1	2	1	5	1	2	12
1	1	1	1	2	3	9
1	1	2	5	5	1	15
1	1	1	5	1	1	10
1	2	3	5	2	1	14
1	1	4	4	4	4	18
						16.9

Anexo 16
Vacío de Datos de las Respuestas del Pretest
Test de Fitts en Área de AUTOCOMPORTAMIENTO FÍSICO

	FIS+69	FIS+70	FIS-71	FIS+85	FIS-86	FIS+87	AUCOMPORT FÍSICO PRE
1	5	3	3	4	3	5	23
2	5	3	2	5	2	4	21
3	5	5	5	5	1	1	22
4	5	1	1	5	1	1	14
5	4	1	5	5	1	5	21
6	4	2	2	5	2	3	18
7	5	3	3	3	2	5	21
8	5	2	2	4	3	4	20
9	5	2	2	5	1	3	18
10	5	3	2	5	1	4	20
11	5	3	3	5	1	5	22
12	5	3	3	4	1	4	20
13	5	1	4	5	2	4	21
14	5	1	3	5	1	5	20
15	5	3	1	5	3	5	22
16	5	1	4	2	1	5	18
17	5	3	3	5	1	5	22
18	5	1	5	5	1	5	22
19	5	2	3	3	2	4	19
20	5	1	3	5	1	5	20
21	5	1	4	5	1	5	21
22	5	1	5	5	1	5	22
23	5	1	1	5	1	1	14
24	5	2	3	5	1	2	18
25	5	1	3	4	2	5	20
26	5	1	5	5	2	5	23
27	5	2	5	5	2	4	23
28	5	3	3	5	1	5	22
29	1	1	3	5	1	5	16
30	5	3	4	4	2	4	22
31	5	1	3	5	1	5	20
32	5	1	3	4	3	3	19
33	5	4	3	5	2	4	23
34	5	1	3	5	2	2	18
35	5	1	5	5	1	5	22
36	5	3	3	4	2	4	21
37	5	2	4	4	2	4	21
							20.2

Anexo 17
Vacío de Datos de las Respuestas del Pretest
Test de Fitts en Área de AUTOCOMPORTAMIENTO MORAL-ÉTICO

ME+72	ME-73	ME-74	ME+88	ME-89	ME-90	AUCOMPORT MOR-ÉT.PRE
3	2	2	4	5	3	19
1	2	3	3	2	3	14
1	1	3	1	5	5	16
1	1	5	5	3	3	18
1	1	1	2	5	4	14
1	3	4	3	3	2	16
1	1	2	4	2	4	14
1	1	3	1	3	4	13
5	1	2	1	5	2	16
1	1	1	1	5	5	14
1	5	3	1	5	5	20
2	1	3	4	5	3	18
1	1	3	2	4	4	15
4	1	1	1	5	5	17
1	1	3	1	3	5	14
1	1	2	1	5	2	12
3	2	3	2	5	5	20
3	1	2	1	5	5	17
1	1	2	3	5	5	17
2	2	2	1	4	4	15
1	1	1	5	5	5	18
1	1	2	2	5	4	15
1	1	2	2	3	1	10
1	2	2	1	5	5	16
1	1	1	4	5	5	17
1	1	1	1	5	5	14
1	1	1	1	4	2	10
1	1	1	1	5	5	14
1	5	2	1	5	5	19
2	2	2	2	5	5	18
1	1	2	1	5	2	12
1	3	3	2	4	3	16
1	2	2	1	2	5	13
1	2	3	1	4	3	14
1	1	3	1	5	1	12
2	2	2	2	4	3	15
2	1	3	1	5	5	17
						15.4

Anexo 18
Vacío de Datos de las Respuestas del Pretest
Test de Fitts en Área de AUTOCOMPORTAMIENTO PERSONAL

PE+75	PE+76	PE-77	PE+91	PE-92	PE-93	AUCOMPORTAMIENTO PERSONAL PRE
4	1	3	2	3	2	15
3	1	3	2	5	1	15
3	1	5	1	4	1	15
1	1	3	1	5	3	14
5	1	4	1	5	2	18
2	2	3	1	5	2	15
5	2	3	2	5	3	20
3	1	3	1	5	3	16
4	1	3	3	5	2	18
5	1	5	1	3	2	17
3	1	3	2	5	3	17
3	1	5	2	5	3	19
3	1	3	1	4	2	14
5	5	3	5	5	2	25
3	1	3	1	3	1	12
3	1	3	2	5	2	16
3	1	3	3	3	1	14
4	1	3	2	5	2	17
3	1	5	1	5	1	16
5	1	4	2	3	4	19
5	1	5	1	1	1	14
5	1	5	2	3	2	18
4	1	5	1	5	1	17
4	1	5	1	5	4	20
5	1	3	1	4	3	17
4	1	5	1	5	3	19
5	1	5	2	3	3	19
5	1	5	5	1	2	19
4	1	4	1	5	3	18
4	1	5	1	4	4	19
5	1	3	1	5	3	18
3	1	2	1	4	3	14
4	1	5	1	5	2	18
3	1	5	2	3	1	15
3	5	5	1	5	5	24
4	1	5	2	3	2	17
3	1	4	5	5	3	21
						17.3

Anexo 19
Vacío de Datos de las Respuestas del Pretest
Test de Fitts en Área de AUTOCOMPORTAMIENTO FAMILIAR

FA+78	FA+79	FA-80	FA+94	FA-95	FA-96	AUCOMPORTAMIENTO FAMILIAR PRE
4	4	2	5	1	1	17
5	3	2	4	2	1	17
1	1	1	4	3	2	12
1	5	1	3	3	3	16
1	5	1	2	5	5	19
1	5	2	3	4	4	19
1	3	1	4	4	4	17
3	4	1	3	4	3	18
1	5	2	3	4	2	17
5	5	2	1	5	5	23
1	5	1	3	4	5	19
1	4	2	4	5	2	18
1	5	1	3	3	3	16
1	5	5	3	3	3	20
1	5	1	4	3	1	15
1	4	2	2	3	3	15
2	4	1	3	3	3	16
1	5	1	4	5	3	19
1	3	1	1	1	1	8
2	3	2	2	4	1	14
1	5	1	2	4	4	17
1	5	2	4	2	2	16
5	4	1	5	2	1	18
5	4	1	1	4	2	17
1	5	2	3	5	2	18
1	5	1	3	3	1	14
1	5	1	4	2	1	14
3	5	1	4	2	3	18
1	5	1	2	5	3	17
1	4	2	3	4	3	17
1	4	2	1	5	2	15
2	4	1	3	4	2	16
1	4	2	5	2	2	16
1	4	2	3	2	2	14
1	5	1	1	5	3	16
3	3	2	4	4	2	18
1	5	1	1	5	3	16
						16.5

Anexo 20
Vacío de Datos de las Respuestas del Pretest
Test de Fitts en Área de AUTOCOMPORTAMIENTO SOCIAL

SO+81	SO+82	SO-83	SO+97	SO-98	SO-99	AUCOMPORTAMIENTO SOCIAL PRE
3	5	4	2	2	1	17
1	2	5	2	2	2	14
5	3	1	3	4	2	18
4	4	2	1	5	1	17
5	5	1	3	5	4	23
3	4	2	3	3	1	16
3	4	3	2	5	2	19
4	3	5	1	5	3	21
4	4	5	1	3	1	18
2	4	2	1	5	5	19
4	2	5	1	4	3	19
4	2	3	1	4	3	17
5	2	5	1	4	2	19
5	2	5	1	4	4	21
5	1	3	1	3	1	14
3	4	4	5	4	3	23
5	1	2	3	4	2	17
5	2	5	3	3	2	20
5	3	5	1	3	1	18
4	2	4	3	2	1	16
5	5	1	1	4	1	17
5	5	2	3	2	3	20
5	1	5	3	2	3	19
4	4	5	1	4	2	20
5	3	5	2	3	2	20
5	1	5	2	4	5	22
5	1	5	3	3	1	18
5	1	3	3	5	5	22
4	1	5	1	5	1	17
4	3	4	2	4	2	19
4	3	5	5	5	1	23
5	1	3	1	3	1	14
4	3	4	2	4	4	21
3	4	3	3	1	2	16
5	1	5	1	5	5	22
4	4	4	4	2	3	21
4	1	5	1	4	4	19
						18.8

Anexo 21
Vacío de Datos de las Respuestas del Pretest
Test de Fitts en Área de AUTOCRÍTICA

	16	17	33	34	50	51	67	68	84	100	AUTOCRÍTICA PRE
1	1	1	5	1	3	3	4	3	2	3	26
2	3	2	4	1	4	3	4	5	1	3	30
3	2	2	5	1	4	5	5	5	3	3	35
4	1	1	5	1	5	5	5	5	5	1	34
5	5	2	5	1	4	5	5	4	4	4	39
6	2	1	5	1	4	3	5	4	3	4	32
7	1	1	4	1	4	4	5	4	4	1	29
8	3	1	5	1	2	2	5	5	3	1	28
9	1	1	4	1	4	5	5	5	3	4	33
10	1	1	5	1	3	4	5	5	4	3	32
11	2	2	5	1	4	4	4	4	3	2	31
12	2	2	5	1	3	3	4	5	3	3	31
13	2	2	5	1	4	4	5	4	1	2	30
14	1	2	5	1	5	5	5	5	3	1	33
15	4	1	5	1	4	5	5	5	5	4	39
16	3	2	4	1	4	4	4	4	1	2	29
17	2	1	5	1	4	4	2	4	4	2	29
18	5	1	4	1	4	4	5	5	2	1	32
19	2	1	4	1	4	4	5	5	3	3	32
20	1	1	5	1	5	4	5	5	4	2	33
21	2	1	5	1	5	5	5	5	1	3	33
22	3	1	5	1	5	4	5	5	4	2	35
23	5	2	5	1	5	5	5	5	5	2	40
24	2	1	5	1	4	4	5	5	2	1	30
25	1	1	5	1	4	3	2	5	1	1	24
26	3	1	3	5	5	5	5	5	1	1	34
27	2	1	5	1	5	5	5	5	1	2	32
28	1	2	5	1	5	5	5	5	1	4	34
29	1	1	5	1	3	4	5	5	1	1	27
30	3	2	4	1	4	4	2	2	3	3	28
31	1	1	5	1	5	4	5	5	1	1	29
32	1	1	5	1	5	4	5	5	1	1	29
33	3	2	4	1	4	3	5	5	4	2	33
34	2	1	5	1	4	5	5	5	4	2	34
35	3	1	1	1	5	5	5	5	1	1	28
36	2	2	4	1	3	4	4	4	3	4	31
37	2	1	5	1	4	4	5	5	2	1	30
											31.6

Anexo 22
Vacío de Datos de las Respuestas del Postest
Test de Fitts en Área de AUTOCONCEPTO FÍSICO

FIS+1	FIS+2	FIS-3	FIS+18	FIS-19	FIS-20	AUTOCONCEPTO FÍSICO POST
5	5	1	1	1	2	15
5	5	1	1	1	1	14
4	5	1	2	1	4	17
5	5	1	1	1	2	15
5	4	1	1	1	3	15
4	5	3	2	1	2	17
5	5	1	1	1	3	16
4	5	2	3	1	2	17
4	4	1	2	1	1	13
4	5	1	2	1	1	14
4	5	2	4	1	3	19
5	5	1	2	1	2	16
5	5	1	2	2	2	17
5	5	1	1	1	1	14
3	5	1	2	1	2	14
4	5	5	1	1	3	19
4	5	2	3	1	3	18
4	5	2	1	1	2	15
1	5	3	1	1	1	12
5	5	3	1	1	2	17
4	4	2	2	1	2	15
						15.7

Anexo 23
Vacío de Datos de las Respuestas del Postest
Test de Fitts en Área de AUTOCONCEPTO MORAL-ÉTICO

ME+4	ME+5	ME-6	ME+21	ME-22	ME-23	AUTOCONCEPTO MORAL-ÉTICO POST
1	1	5	5	5	5	22
1	1	5	5	5	5	22
1	1	5	5	5	5	22
1	1	5	5	5	5	22
1	1	5	5	5	5	22
3	1	3	5	5	4	21
1	1	5	5	5	5	22
2	2	4	5	5	5	23
2	1	5	5	5	5	23
1	1	4	5	5	5	21
2	1	5	5	5	5	23
1	1	5	5	5	5	22
2	2	5	4	5	5	23
1	1	5	5	1	5	18
2	1	5	5	5	5	23
3	2	5	5	5	5	25
2	1	4	5	5	5	22
1	1	5	5	5	5	22
3	1	5	5	5	5	24
1	1	5	5	5	5	22
1	1	4	5	5	5	21
						22.1

Anexo 24
Vacío de Datos de las Respuestas del Postest
Test de Fitts en Área de AUTOCONCEPTO PERSONAL

PE+7	PE+8	PE-9	PE+24	PE-25	PE-26	AUTOCONCEPTO PERSONAL POST
5	3	1	1	1	1	12
5	5	1	1	1	1	14
5	4	1	1	1	1	13
4	4	1	1	1	1	12
5	5	1	1	1	1	14
5	5	2	3	2	2	19
5	5	1	1	1	2	15
4	3	2	3	2	2	16
5	5	1	1	1	1	14
5	5	1	1	1	1	14
3	5	2	1	1	1	13
5	5	1	1	1	2	15
4	4	2	2	2	3	17
5	3	2	1	2	1	14
3	3	1	1	1	1	10
4	4	3	1	1	1	14
4	4	2	1	2	1	14
3	4	2	1	2	2	14
3	4	1	1	1	1	11
3	5	2	1	1	2	14
5	4	1	1	1	1	13
						13.9

Anexo 25
Vacío de Datos de las Respuestas del Postest
Test de Fitts en Área de AUTOCONCEPTO FAMILIAR

FA+10	FA+11	FA-12	FA+27	FA-28	FA-29	AUTOCONCEPTO FAMILIAR POST
3	1	5	5	3	1	18
1	2	5	5	5	2	20
2	1	5	5	5	5	23
1	1	5	5	5	5	22
1	3	5	5	5	3	22
3	1	5	5	3	4	21
1	1	5	4	1	5	17
3	2	3	4	3	3	18
1	1	5	5	1	2	15
1	1	5	5	4	5	21
1	4	3	5	5	3	21
2	2	5	4	5	2	20
1	4	3	5	4	2	19
1	3	3	4	2	1	14
2	3	3	5	4	3	20
1	4	4	5	1	2	17
4	4	3	5	4	2	22
2	1	5	5	5	5	23
1	1	5	5	5	5	22
2	5	5	4	5	2	23
1	1	5	5	1	3	16
						19.7

Anexo 26
Vacío de Datos de las Respuestas del Postest
Test de Fitts en Área de AUTOCONCEPTO SOCIAL

SO+13	SO+14	SO-15	SO+30	SO-31	SO-32	AUTOCONCEPTO SOCIAL POST
5	5	1	1	5	1	18
5	4	1	2	5	1	18
5	5	1	1	5	1	18
5	5	2	1	5	2	20
5	4	1	1	5	1	17
5	4	1	3	5	2	20
5	5	1	1	5	1	18
4	4	2	2	5	2	19
4	4	1	1	5	1	16
3	5	1	1	5	1	16
4	4	2	1	4	1	16
5	5	1	1	5	1	18
2	4	2	2	5	1	16
4	5	1	1	5	2	18
4	5	1	1	5	1	17
5	5	1	1	5	1	18
2	3	1	1	5	1	13
4	4	1	1	1	2	13
5	5	1	1	3	2	17
4	5	1	1	5	1	17
4	4	2	1	5	1	17
						17.1

Anexo 27
Vacío de Datos de las Respuestas del Postest
Test de Fitts en Área de AUTOESTIMA FÍSICA

FIS+35	FIS+36	FIS-37	FIS+52	FIS-53	FIS-54	AUTOESTIMA FÍSICA POST
1	1	3	1	2	5	13
1	1	2	1	5	1	11
1	1	1	1	5	1	10
1	1	1	1	5	5	14
1	1	1	2	4	1	10
1	4	3	2	4	5	19
1	1	1	1	5	5	14
1	1	3	3	4	4	16
1	1	2	1	5	5	15
1	1	1	1	5	5	14
1	1	1	2	2	5	12
1	1	1	2	4	4	13
1	1	2	5	5	5	19
1	1	2	3	4	5	16
1	1	2	2	5	5	16
1	1	1	1	5	5	14
1	1	2	2	3	4	13
1	1	1	2	4	5	14
1	1	1	1	5	1	10
1	1	1	4	5	5	17
1	1	2	2	5	5	16
						14.1

Anexo 28
Vacío de Datos de las Respuestas del Postest
Test de Fitts en Área de AUTOESTIMA MORAL-ÉTICA

ME+38	ME-39	ME-40	ME-55	ME+56	ME-57	AUTOESTIMA MOR-ÉT.POST
4	1	5	1	5	1	17
4	2	5	1	5	1	18
5	1	5	1	5	1	18
5	2	5	1	5	1	19
3	2	5	1	5	1	17
3	3	4	1	5	1	17
5	1	5	1	5	1	18
3	2	5	1	5	1	17
5	1	5	1	5	1	18
4	1	5	1	5	1	17
5	1	5	2	5	1	19
4	1	5	1	5	1	17
4	1	5	1	5	1	17
3	2	5	3	5	1	19
5	2	5	1	5	1	19
5	1	5	1	5	1	18
3	3	5	1	5	1	18
4	3	5	1	5	1	19
5	1	5	1	5	1	18
4	1	5	1	5	1	17
4	2	5	1	5	1	18
						17.9

Anexo 29
Vacío de Datos de las Respuestas del Postest
Test de Fitts en Área de AUTOESTIMA PERSONAL

PE+41	PE+42	PE-43	PE+58	PE-59	PE-60	AUTOESTIMA PERSONAL-POST
1	1	1	1	5	5	14
1	1	1	1	5	5	14
1	1	1	1	5	5	14
1	1	1	1	5	5	14
1	1	1	1	5	5	14
1	1	2	1	5	5	15
1	1	1	1	5	5	14
1	1	2	1	5	5	15
1	1	1	1	5	5	14
1	1	1	1	5	5	14
1	1	2	1	5	5	15
1	1	1	1	5	5	14
1	1	1	1	1	5	10
1	1	1	1	5	5	14
1	1	1	1	5	5	14
1	1	1	1	5	5	14
1	1	2	1	4	4	13
1	1	2	1	5	5	15
1	1	1	1	5	5	14
1	1	1	1	5	5	14
1	1	2	1	5	5	15
						14.0

Anexo 30
Vacío de Datos de las Respuestas del Postest
Test de Fitts en Área de AUTOESTIMA FAMILIAR

FA+44	FA+45	FA-46	FA+61	FA-62	FA-63	AUTOESTIMA FAMILIAR POST
5	5	5	5	1	2	23
5	5	5	5	1	2	23
5	5	5	5	1	1	22
5	3	5	5	1	1	20
5	4	5	5	1	1	21
4	4	5	5	2	2	22
5	5	5	5	1	1	22
4	3	4	4	1	2	18
4	5	5	5	1	1	21
5	5	5	5	1	1	22
5	5	5	3	1	1	20
5	5	1	5	1	1	18
4	4	5	5	2	2	22
5	4	5	5	1	1	21
5	5	5	5	2	2	24
5	5	5	5	1	1	22
4	3	3	5	2	2	19
5	4	5	5	2	2	23
5	5	5	5	1	1	22
5	4	5	5	1	1	21
5	5	5	5	1	2	23
						21.4

Anexo 31
Vacío de Datos de las Respuestas del Postest
Test de Fitts en Área de AUTOESTIMA SOCIAL

SO+47	SO+48	SO-49	SO+64	SO-65	SO-66	AUTOESTIMA SOCIAL POST
1	1	1	5	5	5	18
1	2	1	5	5	5	19
1	3	1	5	5	5	20
1	1	1	5	5	5	18
1	1	1	4	5	5	17
1	1	2	5	4	5	18
1	3	2	5	3	1	15
1	2	3	5	5	5	21
1	1	2	5	1	1	11
1	1	2	4	5	5	18
1	1	1	5	2	4	14
1	1	2	5	5	5	19
1	1	1	5	5	5	18
1	1	2	4	5	5	18
1	2	2	5	4	3	17
1	1	2	5	2	3	14
1	2	3	5	2	2	15
1	1	2	4	5	5	18
1	1	1	5	3	5	16
1	1	1	5	5	5	18
1	3	1	5	3	3	16
						17.0

Anexo 32
Vacío de Datos de las Respuestas del Postest
Test de Fitts en Área de AUTOCOMPORTAMIENTO FÍSICO

FIS+69	FIS+70	FIS-71	FIS+85	FIS-86	FIS+87	AUTOCOMPORTAMIENTO FÍSICO POST
5	1	5	5	1	3	20
5	2	2	5	1	5	20
5	1	3	5	1	5	20
5	1	5	3	2	4	20
5	1	5	5	1	5	22
5	3	2	4	3	4	21
5	1	4	4	2	4	20
5	3	4	4	2	4	22
5	1	5	5	1	5	22
5	1	3	5	1	5	20
5	1	4	5	1	5	21
5	2	4	4	2	5	22
5	2	1	5	1	5	19
5	3	3	5	1	5	22
5	2	4	4	2	4	21
5	1	2	5	1	5	19
4	2	3	5	2	3	19
5	1	3	4	2	5	20
5	1	5	3	1	5	20
5	1	2	5	1	5	19
5	1	2	5	1	5	19
						20.4

Anexo 33
Vacío de Datos de las Respuestas del Postest
Test de Fitts en Área de AUTOCOMPORTAMIENTO MORAL-ÉTICO

ME+72	ME-73	ME-74	ME+88	ME-89	ME-90	AUCOMPORTAMIENTO MORAL-ÉTICO POST
1	1	3	1	5	5	16
1	1	3	3	4	2	14
1	1	2	1	5	5	15
3	1	2	1	3	5	15
1	1	1	2	4	4	13
1	2	4	2	2	4	15
1	1	2	2	5	5	16
1	3	2	3	4	3	16
3	2	3	1	5	5	19
1	1	1	1	5	5	14
1	1	1	1	5	4	13
1	1	2	1	4	5	14
1	1	2	2	5	4	15
2	2	2	2	4	5	17
1	1	2	1	5	2	12
1	1	3	2	2	3	12
2	3	3	3	3	1	15
1	1	3	4	5	5	19
1	1	3	1	5	5	16
5	1	2	1	4	2	15
1	1	3	1	5	5	16
						15.1

Anexo 34
Vacío de Datos de las Respuestas del Postest
Test de Fitts en Área de AUTOCOMPORTAMIENTO PERSONAL

PE+75	PE+76	PE-77	PE+91	PE-92	PE-93	AUCOMPORTAMIENTO PERSONAL POST
3	3	5	1	5	2	19
5	3	5	1	3	2	19
4	1	5	1	5	2	18
4	1	4	2	3	2	16
5	1	5	2	5	1	19
2	1	5	2	4	2	16
4	1	5	1	5	3	19
4	1	3	3	4	2	17
3	1	5	1	4	2	16
5	1	5	1	5	2	19
5	1	5	1	5	2	19
5	1	3	1	5	3	18
4	1	2	1	5	1	14
4	1	3	4	3	3	18
4	1	5	2	4	3	19
3	1	3	1	5	3	16
3	1	3	2	3	2	14
3	1	3	2	5	4	18
1	1	5	1	5	5	18
4	1	1	1	5	1	13
3	1	5	1	4	3	17
						17.2

Anexo 35
Vacío de Datos de las Respuestas del Postest
Test de Fitts en Área de AUTOCOMPORTAMIENTO FAMILIAR

FA+78	FA+79	FA-80	FA+94	FA-95	FA-96	AUCOMPORT FAM-POST
1	5	1	1	1	3	12
1	5	2	4	3	1	16
1	5	1	4	2	4	17
1	5	1	3	4	1	15
1	5	1	5	1	1	14
1	3	2	2	4	3	15
1	5	1	3	4	2	16
3	3	2	4	3	2	17
3	5	2	3	3	3	19
1	5	2	2	5	3	18
1	5	1	1	4	5	17
1	5	2	3	3	3	17
1	5	1	2	5	1	15
1	4	2	1	4	3	15
1	3	2	2	4	3	15
1	5	1	3	4	4	18
2	4	2	4	3	2	17
5	5	2	2	5	4	23
1	1	1	1	5	5	14
1	4	1	5	4	1	16
1	3	1	2	2	1	10
						16.0

Anexo 36
Vacío de Datos de las Respuestas del Postest
Test de Fitts en Área de AUTOCOMPORTAMIENTO SOCIAL

SO+81	SO+82	SO-83	SO+97	SO-98	SO-99	AUCOMPORTAMIENTO SOCIAL-POST
4	4	2	3	3	5	21
5	4	2	2	2	4	19
5	1	5	1	5	5	22
3	3	4	3	3	5	21
5	1	5	4	2	1	18
4	2	4	3	2	1	16
5	2	2	1	4	3	17
3	2	5	3	3	2	18
3	3	5	2	3	1	17
4	1	5	1	5	2	18
4	1	5	3	5	3	21
5	4	5	2	5	1	22
5	1	5	4	2	3	20
5	2	3	3	4	1	18
2	1	5	2	3	2	15
5	4	5	1	5	1	21
4	3	5	2	3	2	19
4	1	5	1	5	2	18
5	5	5	1	5	5	26
5	2	5	1	2	3	18
5	1	5	1	2	2	16
						19.1

Anexo 37
Vacío de Datos de las Respuestas del Postest
Test de Fitts en Área de AUTOCRÍTICA

	16	17	33	34	50	51	67	68	84	100	AUTOCRÍTICA POST
1	1	1	5	1	4	4	5	5	1	1	28
2	2	1	5	1	5	5	5	5	4	3	36
3	1	1	5	1	5	5	5	5	1	4	33
4	2	1	3	1	5	4	5	5	1	2	29
5	2	1	5	2	5	5	5	5	1	5	36
6	3	2	4	2	3	3	5	5	2	2	31
7	1	1	5	1	4	4	5	5	4	3	33
8	2	2	5	1	3	4	4	4	3	3	31
9	1	1	5	1	4	5	5	5	1	1	29
10	1	1	5	1	4	5	5	5	1	1	29
11	1	2	5	1	4	5	5	5	1	3	32
12	1	1	4	1	4	5	5	4	1	4	30
13	2	2	5	1	4	4	5	5	2	4	34
14	3	1	4	1	4	5	4	4	3	2	31
15	2	1	4	1	4	4	3	5	3	1	28
16	1	1	5	1	5	5	5	5	2	2	32
17	2	1	5	1	4	3	5	4	3	3	31
18	1	1	5	1	4	4	5	5	1	1	28
19	3	1	1	1	5	5	5	5	1	1	28
20	3	1	5	1	4	5	5	5	2	2	33
21	2	1	5	1	4	4	5	5	1	2	30
											31.0

Anexo 38
RETEST DE ALPHA DE CRONBACH
CUESTIONARIO DE MEDICIÓN DE ENFOQUE CENTRADO EN LA PERSONA
N=58

Reliability

[Conjunto_de_datos2]

Scale: ALL VARIABLES

Case Processing Summary

		N	%
Cases	Valid	58	100.0
	Excluded[a]	0	.0
	Total	58	100.0

a. Listwise deletion based on all variables in the procedure.

Reliability Statistics

Cronbach's Alpha	Cronbach's Alpha Based on Standardized Items	N of Items
.967	.965	16

9/9

ANOVA with Tukey's Test for Nonadditivity

			F	Sig
Within People	Between Items		10.021	.000
	Residual	Nonadditivity	163.778	.000

Grand Mean = 4.0948

Hotelling's T-Squared Test

Hotelling's T-Squared	F	df1	df2	Sig
51.557	2.593	15	43	.007

GLOSARIO
DE
TÉRMINOS

ACEPTACIÓN INCONDICIONAL.- Considerar al individuo como es, sin condiciones, evaluaciones ni prejuicios.

ASERTIVIDAD.- Declarar con firmeza pensamientos, sentimientos y emociones mostrando seguridad en las relaciones interpersonales con cualquier persona.

AUTOCONCEPTO.- Imagen personal resultado de la influencia e interacción con el entorno social y las experiencias y valores asociados a éste que se internalizan y permiten la adaptación. Evaluación subjetiva de un individuo que constituye la consciencia sobre su existencia individual.

AUTOESTIMA.- Conciencia del valor personal que lleva a sentirse cómodo con las propias habilidades, conocimientos, intereses, personalidad e inteligencia y predispone a la acción positiva.

COMUNICACIÓN.- Expresar de manera verbal y no verbal lo que percibimos, sentimos y creemos. Mantener las relaciones a través de instrucciones y modelado.

COMUNIDAD DE PRÁCTICA.- Reunión periódica de personas con un interés común que profundizan en algún tema o problema intercambiando experiencias de mutuo beneficio.

CONGRUENCIA.- Ser genuino y auténtico dándose a conocer como se es con transparencia, con coherencia entre actitudes, pensamientos y sentimientos.

CONSIDERACIÓN POSITIVA.- Tomar en cuenta a la persona con sus sentimientos, pensamientos y emociones como alguien valioso que debe ser tomado en cuenta.

EMPATÍA.- Entender los sentimientos, pensamientos, opiniones y situaciones de la otra persona desde su personal punto de vista sin involucrar nuestros juicios, opiniones o vivencias. Ver como las cosas "como sí" las viviéramos..

ENFOQUE CENTRADO EN LA PERSONA.- Técnica desarrollada originalmente por Carl Rogers donde el objetivo es escuchar a la persona sin juicios, sin dirección, facilitando la resolución de sus problemas por sí misma en un clima de empatía, aceptación incondicional, consideración positiva y congruencia.

LIDERAZGO.- Capacidad para inspirar el logro de objetivos comunes por motivación intrínseca..

MENSAJES VERBALES.- Contenido cognitivo y afectivo manifiesto y subyacente de las intervenciones.

MENSAJES NO VERBALES.- Lenguaje corporal: postura, gestos, tono, expresión, contacto visual.

ORGANÍSIMICO.– Respuesta del individuo ante el entorno como un todo integrado.

PRÁCTICA COLABORATIVA.- Tendencia a sumar el esfuerzo de forma sinérgica.

PRODUCTIVIDAD.- Cantidad y calidad de resultados positivos que una persona puede lograr en un ambiente propicio.